弁護士
阿部泰雄
ジャーナリスト
山口正紀
編著

つくられた
恐怖の
点滴殺人事件
守大助さんは無実だ

現代人文社

刊行に寄せて

鳥越 俊太郎
元「ザ・スクープ」キャスター

隠された「真実」に迫る

　2001年1月6日、「筋弛緩剤点滴殺人」容疑で逮捕された守大助さんについて、各種メディアは「医療従事者にあるまじき極悪非道な人物」として連日報道した。犯人と決めつける報道は、警察情報のみで自ら検証することがないように思えた。

　我々テレビ朝日の「ザ・スクープ」は、守さんが否認に転じたことから、えん罪の可能性を考えたのであった。

　同年7月の公判開始の前後から、北陵クリニックの当時の院長、看護師をはじめ多くの医療関係者への80数回に及ぶ現地取材を経て、翌年9月に放映にこぎつけた。

　1カ月後に弁護側の反証が始まるという段階であった。

テレビ朝日「ザ・スクープ」（2002年9月）
「決定版！　仙台点滴事件のウソ～凶器は筋弛緩剤でなかった！？～」

　番組では、裁判記録など膨大な「事実」の中から、隠された「真実」に

迫るために、逮捕の端緒となった、当時11歳の小6女児のケースにスポットを当てた。

　検察の主張は、小6女児について［筋弛緩剤投与⇒呼吸困難⇒低酸素血症］というもので、検察側証人である東北大学の橋本保彦教授（故人）の証言のみに依拠していた。

　「看護記録」を独自に入手して、医学的アプローチを試み、日本医科大など5人の教授・専門医の方々に診てもらったところ、患者急変の原因を筋弛緩剤とする人は皆無で、原因は「急性脳症」が浮かび上がった。

杜撰な捜査で、医療関係者は誰でも犯人に

　さらに取材で明らかになったのは、杜撰な捜査の実態であった。

　当時の北陵クリニックの院長は、警察の事情聴取に筋弛緩剤は関係ないと主張するも、「（筋弛緩剤が鑑定で）出てるんだよ」で押し切られたと我々の取材に証言された。

　「鑑定」は、筋弛緩剤が混入されたとされる点滴の残りや患者の血液や尿などが、大阪府警科学捜査研究所の土橋均技官を中心として行われ、それぞれから筋弛緩剤を検出したという。

　この鑑定結果についても、複数の専門の医師に尋ねると、1週間後の尿から、このような多量の筋弛緩剤が検出されることはあり得ないというものであった。この事実関係を乗り越えない限り有罪判決は出せない程、重大なポイントだ。

　しかも、鑑定人の土橋氏は法廷で驚くべき証言をおこなった。

　「点滴残薬剤・血液・尿などは、幅広い毒物を検出しようとしたため、

刊行に寄せて　iii

全部使い切った」と。再鑑定を不能にしたのである。

　もともと鑑定は、利害関係のない複数の第三者によってなされることで公正が担保される。まして対象が薬物であればなおさらである。

　最近のDNAの再鑑定によって、えん罪が明らかになったケースを例に挙げるまでもない。

　病院内では、日常的に患者の容態急変があるし、「医療事故」とされるケースもある。そのたびに、このような捜査・起訴がまかり通るなら、病院関係者はとても診察・治療に専念できないことになってしまう。

　結局、弁護側の反論は一切認めず、検察主張だけで、2008年2月に守さんは最高裁で無期懲役が確定したのであった。

再審の扉を開かせない裁判官

　2012年2月の再審請求では、「ザ・スクープ」でも問題視した警察鑑定、患者急変の原因、守大助さんの自白・自認の3点について、それぞれ著名な専門家による新たな「鑑定意見書」が出された。

　「患者急変の原因に筋弛緩剤は全く無関係で、それぞれ病気である」と。

　また、不確かな状況証拠を補完するとされた「鑑定」について、意見書は、「間違った鑑定で、筋弛緩剤を検出したとは云えない」という。

　そもそも「事件」ではなかったということだ。

　ところが、信じられないことに地裁裁判官は、それぞれの専門家の意見も一切聴取することなく、素人判断を展開して棄却決定をした。

　これは、司法の自己否定であり、司法の犯罪とすらいえるのではないか。

本件は、病院内部の診療にかかわり、証拠・事実は医学的化学的評価が必須であることから、一般には理解しにくいという事情がある。

　しかし、司法の公正は「手続的公正」であり、すなわち第三者による意見・判断の保障であり、それゆえに、「疑わしきは罰せず」の法理ではないのか。

　本書が、各争点の「意見書」の解説とともに、なぜ「事件」とされたのかを明らかにしていることは、他の「えん罪」を読み解く上でも参考になるだろう。

（とりごえ・しゅんたろう）

刊行に寄せて……鳥越俊太郎　ii

第1部
捜査・報道の合作えん罪

第1章　幻の連続殺人事件
筋弛緩剤点滴はなかった
阿部泰雄

1　はじめに………………………………………………………………………………… 2

2　「事件・犯罪」の大報道で始まった…………………………………………………… 5

3　北陵クリニックとは…………………………………………………………………… 6

4　「事件」の「発覚」の端緒はなにか…………………………………………………… 7

5　北陵クリニックで、内部調査がなかった──「事件」と思っていなかった証し… 9

6　警察が連続筋弛緩剤事件とした理由………………………………………………… 10

7　筋弛緩剤の在庫不足の原因は………………………………………………………… 11

8　北陵クリニックの経営事情の影響…………………………………………………… 13

9　起訴5件について、事件・犯罪でないとみる理由………………………………… 14

10　自白の問題……………………………………………………………………………… 19

11　警察の鑑定とはどのようなものか…………………………………………………… 22

12　再審請求における弁護側の課題と新証拠…………………………………………… 27

13　再審請求の申立てと検察・裁判所の対応…………………………………………… 31

14　捜査と裁判はなぜ誤ったのか………………………………………………………… 36

15　本件再審事件の特徴と見通し………………………………………………………… 38

第2章　「筋弛緩剤点滴殺人事件」報道
冤罪を助長した警察情報の垂れ流し
山口正紀

1　はじめに………………………………………………………………………………… 41

2　報道が、読者・視聴者に「犯人」と信じ込ませた！………………………………… 42

3　逮捕で始まった「筋弛緩剤点滴殺人」報道…………………………………………… 47

4　捜査・公判・判決への疑問を指摘しない裁判報道………………………………… 60

第2部
無実を明らかにした
再審請求の新証拠
事件性なしを証明

第1章 筋弛緩剤は検出していない
確定判決唯一の証拠・警察鑑定はまちがい　　　　　志田保夫

1　はじめに……………………………………………………………… 68
2　筋弛緩剤は検出していない………………………………………… 69
3　機器 (質量) 分析とは何か………………………………………… 74

第2章 「筋弛緩剤中毒」という診断は誤り
女児の急変原因は「ミトコンドリア病」　　　　　池田正行

1　はじめに……………………………………………………………… 89
2　誤診の原因について ………………………………………………… 91
3　ミトコンドリア病の診断について ………………………………… 98
4　おわりに……………………………………………………………… 103

第3章 「守自白」は、虚偽
むしろ無実を証明している　　　　　浜田寿美男

1　はじめに……………………………………………………………… 105
2　「被告人の法廷供述には信用性がない」とした基準……………… 106
3　「被告人の法廷供述が不自然、不合理」とする認定……………… 109
4　被告人が自白に追い込まれた理由………………………………… 113
5　おわりに……………………………………………………………… 117

第3部
守大助さんの無実の訴えと支援の呼びかけ

私は無実です　公平な裁判を求めて、頑張っています　守大助 ……… 120

無実の守大助の母として
多くのえん罪被害者と支援者とともに頑張ります　守祐子 ……………… 133

守大助さんは、明るくて責任感の強い人です　篠原幸子 ……………… 138

白衣の看護師・守大助さんを塀の外へ取り戻そう　草野照子 ………… 143

あとがき　執筆された方々に感謝しつつ守さんに贈ります……渡会興雄　147

表1　裁判経過一覧　4

表2　筋弛緩剤投与による「急変」疑い事例とされた20件の一覧　15

執筆者プロフィール(第1部・第2部)　151

第1部

捜査・報道の合作えん罪

第1章 ||||||||||||||||||||||||||||||||||||||||||||||||||||||||||||||||||||||||||||||

幻の連続殺人事件
筋弛緩剤点滴はなかった

阿部 泰雄
弁護士

1　はじめに

　2001年1月6日夜、宮城県警察は「北陵クリニックの元准看護師守大助容疑者を逮捕した。昨（2000——筆者注）年10月31日に入院した小6女児の点滴に筋弛緩剤（商品名マスキュラックス）を混入して殺害しようとした殺人未遂の容疑。女児は今も意識不明の状態」と発表しました。

　翌7日から余罪を示唆する警察情報にのった大報道が始まりました（詳しくは第2章）。

　4日目から、守大助さんは否認に転じますが、その事実は付せられたまま、以後4月までに逮捕・起訴が繰り返され、1件の殺人罪と4件の殺人未遂罪（1人は意識不明の重体、3人は回復）で起訴されたのでした。

　世間では、犯罪の存在と内容は、メディアの報道で知ります。

　その報道が警察・検察のリークに依存し、しかも、報道機関自らが検証

することがなければ、捜査側の意図する方向に世論がつくられることになります。

このような世論が、裁判官の判断に、予断という見えぬ形で影響を与えるおそれがあることは、多くの研究者が指摘していることです。

2001年7月に始まった公判で、被告弁護側は、「事件はそもそも犯罪ではない、病気などによる容体の変化である」と主張し、「犯人性」の以前に、**「事件性」**が、最大の争点となりました。

2年半に及ぶ審理では、患者の「急変」を事件としながら、最初の小6女児の件では、逮捕の前にそのカルテを見ることすらせず、逮捕の10日後に取り寄せても、神経内科等の専門家の検討のないままに起訴しているなど、杜撰な捜査が次々と明らかになります。

検察の証拠は極めて不確かなものでしたが、仙台地裁は、検察主張をほぼ全て容認する一方、弁護側の主張は全て斥け、2004年3月に起訴5件の全てを有罪とし、無期懲役の判決を下したのです。

仙台高裁は、5回の公判で2006年3月に控訴棄却とし、また、最高裁は、2008年2月に事実誤認はないとして上告を棄却し、守大助さんの無期懲役が確定したのです。

2012年2月、「事件性」を否定する主要な3つの論点について、それぞれ専門家の鑑定意見書を添えて再審請求を申し立てました。

1つは、患者の血液などから、筋弛緩剤を検出したとする警察鑑定は、誤りであること。

2つは、発端となった小6女児が急変した原因は、筋弛緩剤とは、全く無関係の病気であること。

3つは、守大助さんの自白・自認は、犯行とみるにはあまりにも不合理なものであり、むしろ事件性のない無実を示していること。

第1章　幻の連続殺人事件——筋弛緩剤点滴はなかった　3

表1　裁判経過一覧

2001年	1月6日	宮城県警が小6女児（11歳）の殺未遂容疑で守さんを逮捕発表、容疑を認める供述（**第1事件**）
	7日	クリニック側記者会見
	9日	守さんが否認に転じる
	26日	89歳女性に対する殺人容疑で再逮捕（**第2事件**）
	2月16日	1歳女児に対する殺人未遂容疑で再逮捕（**第3事件**）
	3月9日	45歳男性に対する殺人末容疑で再逮捕（**第4事件**）
	10日	クリニック休院
	30日	4歳男児に対する殺人未容疑で再逮捕（**第5事件**）
	7月11日	**仙台地裁第1回公判**、守さんは5件の起訴事実をすべて否認
2002年	4月1日	クリニック廃業
2003年	11月19日	論告求刑公判、検察側・無期懲役を求刑
2004年	2月10日	最終弁論・弁護側無罪主帳
	3月30日	**地裁判決（無期懲役判）**、守さん即日控訴
2005年	6月15日	仙台高裁・控訴審第1回公判、守さん無罪主張
	7月20日	第3回公判・高裁が弁護側の鑑定請求を却下
	10月5日	結審、弁護側が裁判官忌避申立て（却下）
2006年	3月22日	**高裁判決（控訴棄却）**、即日最高裁上告
2008年	2月25日	最高裁決定（上告棄却＝無期懲役確定）
	7月9日	千葉刑務所へ収監
2012年	2月10日	仙台地裁に**再審請求**
2016年	3月25日	**地裁決定（棄却）**
	28日	**仙台高裁に抗告**

　この守大助さんの再審請求に対して、仙台地裁は2014年3月、「警察鑑定は間違っているとはいえない」、「小6女児は筋弛緩剤中毒であり、その他の病気とはいえない」、「捜査段階の自白には信用性がないとはいえない」、として、再審請求を棄却したのです。

　守大助さんは不服申立をし、現在、仙台高裁で審理中です（**表1**参照）。

本書刊行の目的は、多くの方に、「本当に事件や犯罪ですか」と、問いかけ、守大助さんの再審無罪を目指すことです。

　また、誰であっても「明日は我が身」の冤罪リスクと無縁でなく、危険は常に身近に潜んでいますから、本件の捜査・起訴・裁判の経過を多くの方にお伝えすることが、本件に当初から関わった筆者の社会的責任ではないか、と考えたことも本書刊行の目的なのです。

　本書では、「確定審で事件とされた経過と理由」、「再審ではどのような新証拠が出ているのか」に焦点を当て、これまでに提出された様々な疑問にお答えすることになります。

2　「事件・犯罪」の大報道で始まった

　2001年の年明け早々、1月6日の守さんの逮捕発表と同時に、まるで集中豪雨、洪水のような報道が始まりました。

　「守大助の点滴で急変した被害患者は1人だけでなく20人程いる、約10人が点滴後に死亡」などと、メディアはそろって匿名で患者の一覧表を示し、大々的に報道をしました。

　日本犯罪史上例をみない医療を装った凶悪犯罪か、また、捜査本部の設置により余罪があるかとみられ、報道合戦が展開されたのです。

　「犯人探し」ではなく、警察のリーク情報で余罪は何件かと「事件探し」の報道が競われたのです。

　小6女児殺人未遂の件で逮捕したと発表した1月6日記者会見で、警察は「女児の点滴に筋弛緩剤を混入した」としながら、なぜ筋弛緩剤の犯罪だといえるのか、その根拠を示すことはありませんでした。

第1章　幻の連続殺人事件──筋弛緩剤点滴はなかった　5

当初の新聞等の報道も、「2000年10月31日腹痛で入院した小6女児の点滴に、筋弛緩剤を混ぜて殺そうとした疑いで、宮城県警は、1月6日午前、守容疑者に任意同行を求め事情を聞いたところ、容疑が固まり逮捕した、守容疑者が点滴した後に複数の患者が死亡しており、県警は同日捜査本部を設置し、詳しい動機を追及するとともに、余罪などについて本格的な捜査を始めた」などと報じました。

　しかし、「どうして筋弛緩剤を凶器に用いた犯罪といえるのか」、その根拠については何も示されることがありませんでした。

　報道は、事件性の検証をすることなく、その根拠を示さず「殺意の点滴」「疑惑のしずく」など、「容疑者が逮捕されたから犯罪あり」とし、筋弛緩剤事件としての報道を続けたのです。

　「弱者のお年寄りと子どもを狙った犯行か」とも報じられました。

　しかし、北陵クリニックの内情に目を向ければ、当時内科では特別養護老人ホームなどから、かなり重篤な高齢患者を数多く受け入れていた事情、当時小児科では、救急措置が十分にできないため、仙台市立病院へ子どもの転送が続いていた事情が把握できたはずなのです。

　しかし、新聞・テレビ等は警察の誤ったリーク情報を垂れ流す報道を続け、医療を装った凶悪犯罪のイメージが、メディアの受け手の頭にしっかりと刻み込まれてしまいました。

3　北陵クリニックとは

　「事件」の舞台の「北陵クリニック」は、1991年、東北大医学部のH教授と妻のI子医師が開設した19床の有床診療所です。

　FES（機能的電気刺激治療）という、手足の運動機能障害を持つ患者の筋肉に電極を埋込む手術をし、電気刺激で手足を動かそうとする先端医療

の研究と実践を行うものです。

　クリニックの設置許可にあたり、地域医療にも応えることが求められ、小児科、内科、整形外科などの診療科目も設けられました。

　巨額の借金で開院にこぎつけ、「事件」発覚当時の累積した負債額は13億円と報道されました。経営は非常に苦しかったと、H教授自身が法廷で述べております。

　他方、北陵クリニックのFESに関する研究が、1998年度から5年間、科学技術庁の「地域結集型共同研究事業」の認定を受けて年間4億円の補助金を受けることになり、東北大学の医学系と工学系の研究開発に使用されることになりました。

　H教授は医学系の総責任者で、プロジェクトリーダーとして位置づけられていました。医学系だけで約100人の研究者もいて、北陵クリニックに中心となる研究室が設置されていました。

　「事件」発覚の2001年1月は、5年間の研究期間の中間の時期でした。「事件」の発覚で、北陵クリニックは継続不能となり、2001年3月に休院となり、1年後には閉院しました。

　なお、FESに関わったある医師は公判で、「科学技術庁から新たな電極埋込にストップがかかり、FESは頓挫した形になった。」と証言しています。

　守大助さんは、1999年2月1日から北陵クリニックに准看護師として勤務を始めており、2000年12月4日に退職しています。

　退職した経緯については後に述べます。

4　「事件」の「発覚」の端緒はなにか

　確定判決は以下のように認定しています。

＜副院長で小児科の I 子医師が、2000年10月31日の小 6 女児の急変に
薬毒物投与の不安を抱いた……、さらに過去の急変・死亡患者十数人に対
する薬毒物投与も疑いカルテ等を調べた、すると、医学的に容体急変原因
が認められないこと、急変患者の看護にいつも守大助が関わっていること
に気づいた、だが薬毒物に見当はつかなかった。

　11月13日に F E S 手術を受けた 4 歳男児が容体を急変させたことで、
守大助による薬毒物投与の疑いをさらに強めたが、薬毒物はわからなかっ
た。

　一方、仙台市立病院は、北陵クリニックからの転送小児患者を調査し、
症状から筋弛緩剤が投与された疑いを抱いた。そして、11月30日の会合で、
筋弛緩剤の可能性を教えられた H 夫妻が警察への届出を決意し、12月 1 日、
東北大学の法医に依頼して警察に届け出た……＞。

しかし、[弁護人の見方]は違います。

　弁護人の見方は、＜北陵クリニックと仙台市立病院の諸検査と診察でも、
意識不明になった小 6 女児の急変原因疾患がわからなかった。11月30日、
双方の医師の検討会でもわからない。12月 1 日、H 教授が同僚の東北大
学法医学教授に相談。教授は「大阪愛犬家殺人事件（1996年）」で使われ
たサクシン等の筋弛緩剤を念頭に、独自の判断で警察に足を運び、捜査を
求めた。法医学教授の影響力は絶大で、直ちに特殊犯係の捜査班が結成さ
れ、直ぐに北陵クリニックの医師に呼出しがかかった＞というものです。

　実際、後の公判で捜査主任は、「捜査の端緒は、東北大学の法医による
事件情報の提供だった」と証言しています。

　要するに、弁護側は、小 6 女児の急変の原因となる疾患が不明だったに
すぎず、クリニックの内部で犯罪が疑われたり、守大助さんが疑われてい
たということはなく、H 教授が小 6 女児の件を法医に相談したところ、H

夫妻の意向とは無関係に、法医が独自の判断により筋弛緩剤投与の可能性を警察に通報した「ミスリード」とみています。

そして、警察は小6女児の点滴を担当した守大助さんを疑い、さらに、十数人の患者に対する筋弛緩剤投与を疑ったのです。火の手は法医の通報を受けた警察の内部から上がったのです。

そもそも、十数人の急変患者の大半は内科患者で、小児科患者ではありません。診もしない内科患者への薬毒物投与を疑った、そして、2人の内科医師には何も打ち明けなかった、では、納得できません。

さらに、開発研究事業を進めていた医学系プロジェクトリーダーのH教授とその妻が、何ら院内調査をせず、二階堂院長にもまた多くの事業関係者の誰にも一切相談せず、警察に届け出て北陵クリニックとコア研究室を潰すような途を選ぶでしょうか。

5 北陵クリニックで、内部調査がなかった──「事件」と思っていなかった証し

医療施設内で、患者が基礎疾患からみて予想外の急変症状を起したり、予期しない転帰（病気の様子が変化してある状態になること）をとったとき、医師などの医療関係者は、まず、隠れている疾患がないかどうかその究明に取り組みます。また、何らかの医療事故ではないのか、投薬ミスなどはなかったかを院内で調査することになります。

調査・究明に取り組まず、端から院内の医療従事者の誰かが、故意に薬毒物を患者に投与した犯罪かと疑うことなどまずありえません。

当然、看護を担当した医療従事者から聴き取りし、医療事故の有無を調査します。人為的犯罪と考える前に、薬剤の副作用とか潜在疾患の有無を確かめ、最後に犯罪ではないかとなり犯罪に目を向けます。

第1章 幻の連続殺人事件──筋弛緩剤点滴はなかった 9

本件でも、2000年10月31日から翌年1月6日の逮捕までは、Ｉ子医師と市立病院医師は小6女児急変の原因の究明に努めていました。

さらに、その他の筋弛緩剤事件とされた起訴を含む十数件全てで、各「急変」時、事情聴取や院内調査は全くありません。Ｉ子医師が、診てもいない内科患者につき不審や疑問があれば、内科の医師・主治医に事情を聴くはずです。その事実が一度もなく、診ていない内科患者への薬毒物投与を疑い、警察に届け出るということは考えられません。

このように、クリニック内で事情聴取や院内調査がなかったことは、人為的な犯罪と疑われたこともなく、医療事故すらも疑われていなかったことを示しているのではないでしょうか？

6 警察が連続筋弛緩剤事件とした理由

弁護人は「連続筋弛緩剤事件」の疑いは、北陵クリニック内部から出て来たのではなく、捜査側の思い込みと主張しています。

既述のように、東北大法医が小6女児の件を警察に通報しました。

連続事件に拡大した理由は3点考えられます。

1点は、ＦＥＳ手術で使用した注射針や薬剤アンプルを廃棄するまで安全に管理する通称「針箱」が、手術室隣の洗い場に置いてありました。この中に筋弛緩剤のサクシンとマスキュラックスの使用済空アンプルが複数入っており、捜査当局は守さんが隠れて犯行に使用した筋弛緩剤を密かに棄てていたものと見立てたことです。

2点は、捜査当局がＩ子医師から預かった患者のカルテなどの資料を分析すると、守さんの当直や看護担当の日に、急変や死亡する内科の高齢患者と仙台市立病院へ転送される小児患者が多かったことです。

3点は、マスキュラックスの在庫数（納品数から手術使用数を引いた数）

10　第1部　捜査・報道の合作えん罪

が不足しており、犯行に使用されたものと見立てたことです。

　捜査当局は、「針箱」の中の筋弛緩剤空アンプルが手術で正規に使用されたものであることを見落としたのです。また、守さん逮捕後に他の手術立会看護師も「針箱」を使っていたこと、守さんが隠れて密かに使用していたのではないことを知ったのです。後の祭りでした。

　さらに、守さんは独身で身軽なので、手当の出る当直を多く希望し、患者さんの急変や死亡と遭遇する機会が必然的に他の看護職員よりも多くなっていました。捜査ではこれも見落とされてしまいました。

　そして、マスキュラックスの在庫数の不足については、それなりの原因がありました。これはつぎに述べます。

7　筋弛緩剤の在庫不足の原因は

⑴　犯行に使われたとする筋弛緩剤はあったのか

　報道では、筋弛緩剤マスキュラックスの在庫数が不足し、その不足分が犯行に使われたのではないかとされ、確定判決も在庫不足を、有罪認定を支える状況証拠としています。

　マスキュラックスは、一つの紙箱に本体の粉末のアンプル10本と溶解液のアンプル10本が2列に並べられた状態で納品されます。

　守さんは1999年12月、職員なら出入りできる薬品置場で粉末アンプル10本が抜き取られ、溶解液アンプル10本だけ残された状態のマスキュラックスの紙箱を見つけました。後の利用のため手術室ガラス戸棚に置きました。

　2000年8月ころにも、マスキュラックスの溶解液10本だけが残された紙箱を見つけ、守さんは前年の10本と合わせ溶解液アンプル20本入りの紙箱にしてガラス戸棚に置き、FES手術に利用するため紙箱に「溶解液

第1章　幻の連続殺人事件——筋弛緩剤点滴はなかった　　11

のみ」と大書しました。

　証拠上、実況見分と写真で裏付けられており争う余地がありません。

　ところで確定判決は、在庫不足の粉末アンプルが本件犯行に使われた疑いがある旨示唆する認定をしています。しかし、粉末アンプルを殺人の凶器に使ったとすると、セットで納品される溶解液アンプルだけ計20本を、わざわざガラス戸棚の見えやすい場所に置いて、犯行の発覚を容易にするような犯人がいるでしょうか。

　以上の事実は、1999年12月と翌年8月ころの2度、各々粉末アンプル10本だけを抜き取り、溶解液アンプル10本を紙箱に残し放置する無頓着な人物の存在を示唆しています。抜き取りとその発覚に頓着しない人に当てはまるのは、北陵クリニック関係者で抜き取り行為を咎められない立場の人です。当時、薬剤の管理は杜撰でした。

　筋弛緩剤に詳しい人の話は「動物実験などに使ってんじゃないの」ということです。在庫不足には別の原因が浮かび上がってくるのです。

　守大助さんは1997年2月から北陵クリニックに勤め始めたのですが、実は、その前年1996年の在庫調査でも、丁度10本1箱分の粉末アンプルが不足となっています。守さんの勤務前の出来事であり、以前から、クリニックで同様の持出しがあったことを推測させます。

　そうすると、犯行に使われる筋弛緩剤自体がないこととなり、この側面からみても、本件の事件性には疑問が抱かれることになります。

⑵　退職の夜に「針箱」を建物の外に持ち出そうとした理由

　守さんは退職の夜にクリニックに戻り、廃棄物を入れる「針箱」を建物の外に持ち出そうとして、張り込んでいた捜査員に止められました。

　確定判決ではこれが証拠隠滅行為とされ、守さんの容疑を濃くしたと言われています。

2000年12月１日に法医の通報を受けて捜査を開始した警察は、経営者のH教授に対し、守さんを退職させるよう強く求めました。

　12月４日、H教授は非番の守さんを呼び出し、好条件を示して、同日付けで退職するように、執拗に説得したのです。

　退職に応じた守さんは、退職にあたり、手術室と隣室にワックスをかけて乾燥待ちにしました。その際に邪魔になる「針箱」を更衣室に移しましたが、そのままにして夕方帰宅しました。夜に私物の忘れ物を思い出して北陵クリニックに戻ります。針箱が廃棄物で満杯だったことに気づき、建物外部敷地の医療廃棄物の集積小屋（業者回収まで保管する集積所）に運び込もうと、建物から出たのです。そこで張り込み中の２人の捜査員に阻止されて、建物の中に戻されたのでした。

　その後、守さんは「針箱」を置いて帰宅を許されているのです。

　なお、警察は後に、守さん不在の実況見分で針箱の中に19本の筋弛緩剤マスキュラックスの空アンプルが入っていたとしています。そして証拠として、空アンプルは出さず写真を出しているのです。

　それは、３枚の写真に数本に分けて撮影してあり、しかもその全てがアンプルの特定を可能とするロット番号が、全く見えない向きに並べて撮影されている代物で、19本存在することの証明にはなりません。

8　北陵クリニックの経営事情の影響

　北陵クリニックの苦しい経営の事情は、「連続事件」とする誤った見方をつくる原因にもなってしまいました。

　19床のベッドを満床にしようと、特養老人ホームや他の病院から、以前は受け入れなかった高齢で重篤な患者さんを受け入れました。そして最期まで看取ることにしたのです。ですから、高齢者の急変・死亡が、ある

第1章　幻の連続殺人事件──筋弛緩剤点滴はなかった　13

時期から増えることになったのは当然だったのです。

このような事情がちょうど守さんの勤務期間と重なっていました。

現に裁判で、当時の内科医師の二階堂院長が、「経営改善のため以前は受け入れなかった重篤な患者をたくさん受け入れるようにし、最期まで看取るようになった、急変・死亡例の増加はむしろ当然であり、内科の急変死亡患者の全員にきちんと診断がついていた、内科には不審を抱かせる急変・死亡患者は一人もいない。」と証言しているのです。

他方、2000年4月、救急処置のできる常勤の医師が辞めたため、看護職員一同が、「救急処置のできないI子医師の下で勤務するのは不安なので、処置のできる医師を雇って」と、経営者のH教授に、強く申し入れしましたが、結局、経営難から実現しておりません。

そうするうちに、小児科では救急処置が不十分のまま、その年の5月、8月、9月、10月と仙台市立病院へ子どもの搬送が続いたのです。9月の5歳男児は心肺停止状態で仙台市立病院に搬送されて死亡が確認され、10月の小6女児は市立病院で後に「遷延性意識障害」(いわゆる植物状態)になります。

これらを、警察は「年寄と子供という弱者を狙った犯行」との見立てを行っており、リーク報道されたのです。

繰り返しますが、経営者のH夫妻はもちろん、クリニックの医療の関係者全員が、お年寄の急変死亡例と子どもさんの市立病院への転送例の増加については、何の疑問も不審も抱いていなかったのです。

9　起訴5件について、事件・犯罪でないとみる理由

結局、20件前後の筋弛緩剤事件として疑われましたが (表2参照)、起訴されて有罪とされたのは5件です。大きく3点の問題があります。

表2　筋弛緩剤投与による「急変」疑い事例とされた20件の一覧

年月日	歳・性	結果	疾患・当時の診断	備考
①99. 7 .14	85 男	死亡	多発性脳梗塞	
②99. 9 . 3	81 男	死亡	脳梗塞・肺炎	
③99.11.29	88 女	死亡	脳梗塞・急性肺炎	特養から入院
④00. 1 .13	64 女	回復	急性気管支炎	当日入院
⑤00. 2 . 2	1 女	回復	喘息様気管支炎	＊転送c 起訴
⑥00. 3 . 8	33 女	回復	めまい	当日入院
⑦00. 5 .18	5 男	回復	脳性麻痺・肺炎	＊市立病院転送
⑧00. 6 . 2	78 男	死亡	心不全・肺炎	他院で死亡
⑨00. 6 .13	73 女	回復	高血圧症、るい痩	
⑩00. 7 .31	71 男	死亡	心肥大、脳梗塞	
⑪00. 8 .18	67 男	回復	右片麻痺、脳出血	
⑫00. 8 .27	5 男	回復	急性肺炎、扁桃園	＊市立病院転送
⑬00. 9 .22	22 女	死亡	先天性筋ジス・肺炎	
⑭00. 9 .16	85 女	死亡	気管支喘息・肺炎	特養から入院
⑮00. 9 .18	5 男	死亡	気管支喘息で入院	＊市立病院転送
⑯00. 9 .30	71 男	死亡	白血病急性転化	
⑰00.10.31	11 女	重体	急性虫垂炎の疑い	＊転送a 起訴
⑱00.11.13	4 男	回復	脳性麻痺・てんかん	FES手術・起訴
⑲00.11.24	89 女	死亡	心臓病・心筋梗塞	特養から入院 起訴
⑳00.11.24	45 男	回復	気管支炎・薬副作用	外来患者 起訴

　第1点は、いずれの患者さんにも、筋弛緩剤の薬効の症状がないことです。どの患者さんにも「筋の弛緩」がみられていないのです。

　第2点は、決定的証拠とされた捜査段階の警察鑑定（大阪府警科捜研の鑑定）が信用に値しないことです。後に詳述することとします。

　第3点は、犯罪に使われたとされるマスキュッラクスの在庫の不足は、守さんの勤務前からあったのです。これも、もちろん犯行などに使われていないのです。この点は5節と6節に記述しました。

第1章　幻の連続殺人事件——筋弛緩剤点滴はなかった　15

⑴　そもそも、患者さんの筋に弛緩がない

マスキュッラクスは末梢性の筋弛緩薬です。末梢の運動神経と骨格筋の接合部分に働きかけ、その連絡を絶って筋の収縮を妨げ、筋弛緩の効果が発現します。心臓の筋肉、中枢神経には作用しません。

本件で最も重要なのは、最初の逮捕・起訴の小6女児のケースです。点滴の後、初めに「複視」が次に呂律の回らない「構音障害」の症状がみられました。判決はこれを筋弛緩剤の初期症状と認定しました。

ところで、女児の状態を一貫してよく観察していたのは付き添っていたお母さんです。お母さんは看護師の資格を有しており、実務経験もありました。起訴2日前である2001年1月24日、検察官に娘さんの様子を次のように説明しているのです。

<①　点滴の開始から約5分経過した午後6時55分ころ、子供の様子がおかしくなってきた。右手を顔の辺りにもってきたり、両目を速い間隔でパチパチと瞬きしたり、首を少し左右に振るような仕草をした。「どうしたの」と聞くと、「目が変」と言うので、「どんなふうに変なの」と聞くと、子供は「物が二重に見えるっていうか、うーん」と言っていた。

②　そこへI子先生が入ってきた。I子先生に「何か変なんです。物が二重に見えるって言うんです。」と告げた。I子先生が「どうしたの」と問いかけると、子供は「喉が乾いた、水が飲みたい」と、このときも普通の声で答えていた。I子先生が「たくさん吐いたからね」と受け答えしているうちに、子供は具合が悪そうに「あー、のどが乾いた、水が飲みたい」と言い始めた。呂律の回らない口調だったので、私が脈を取ると正常と思われたが、「あー、あー」と唸るような声を出して、首を左右に大きく苦しそうに振り始めた。「先生、変ですよ。意識レベル下がってませんか。」と問いかけた。I子先生は、仙台市立病院に連絡するために部屋を出た。

③　その後、子供は、あおむけに寝ていた状態から急に左側を下にして

横向きになり何も言わなくなり、右腕だけをぴくんぴくんと上下させ始めた。Ｉ子先生が入室したのは、私が変化に気づいてから約２、３分後であり、病室を飛び出していくまでの時間は２、３分くらいで、午後７時ころに出たと思う。子供が体位を変換したり、右腕を上下させ始めたのは午後７時ころだった。私は談話室の公衆電話から自宅に電話し、夫に「意識がなくなった」と連絡した。＞

となっています。

以上のとおり、母親が観察した女児の様子には、筋の弛緩など全くみられないのです。

⑵　小６女児はどうして急変したのでしょうか

Ｉ子医師は小６女児の症状を診療録に「神経の障害」と記し、逮捕翌日の会見では「私の知らない脳の病気と思った」と述べています。

この女児のケースは急変の原因となる疾患が不明でした。第一審法廷では、日本医科大学麻酔科主任・小川龍教授が「症状は筋弛緩剤の薬効とは矛盾する、筋弛緩剤の投与があったとは全く考えられない。」と証言し「原因は不明だが急性脳症ではないか」と述べていたのです。

小川教授は「女児は先に脳が障害されて心拍数と呼吸の回数が低下した。筋弛緩剤なら先に呼吸筋の動きが弱まるから、酸素不足を補うために、小刻みで速い呼吸となり呼吸回数が上昇する、そして酸素を全身に速く送るため心拍数も必ず上昇する。症状は筋弛緩剤の薬効とまるで逆である。」と指摘し、筋弛緩剤中毒を明確に否定しました。

ところが仙台地裁は、これには応えず、「小６女児は熱がないから急性脳症ではない」としました。熱のない急性脳症はよくあります。

判決は医学的無知を露呈したのです。そして「（筋弛緩剤の）他に小６女児の急変症状を説明づける（少なくとも、その具体的な可能性を残す）原因が

第１章　幻の連続殺人事件──筋弛緩剤点滴はなかった　17

見いだせない限り、小6女児の急変は、筋弛緩剤の投与によるものと認めるのが相当である。」と逃げ口上を述べたのです（後に池田意見書で小6女児のケースはミトコンドリア病（メラス）と診断されますが、まさしく急性脳症の原因となる疾患なのです）。

⑶　その他の起訴事案について

①　89歳女性（2000年11月24日急変）＝死亡

内科医師の二階堂院長が、当時カルテに「ＳＴ波上昇、心筋梗塞」と記し、仙台地裁で「筋弛緩剤は投与されていない、容体急変は左胸が苦しいとの訴えから始まり、心電図は心筋梗塞に特徴的なＳＴ波の上昇などを示しており、自発呼吸は継続していた。また、心肺停止の前に下顎呼吸も見られて、筋は弛緩していない」と証言しています。

裁判所は、急変後に見られた血圧上昇が心筋梗塞ではあまり見られないなどの理由で心筋梗塞を否定しました。しかし、血圧上昇を伴う心筋梗塞のタイプがあることは医学的に知られており、心筋梗塞を否定する理由にはなりません。判決は、心筋梗塞の兆候である左胸が苦しいとの訴えを、筋弛緩剤の効き始めの兆候としてしまったのです。

②　1歳女児（2000年2月2日急変）＝回復

弁護側証人小児科医師が、点滴詰りを解消する目的の通称ヘパフラ（三方活栓からヘパリン液を強く注入する）で、血餅が心房中隔の卵円孔を経て脳に飛び一過性の脳虚血発作を起したものと説明しました。

一方総婦長が「呼吸回数が1分間に10回程度に低下した」と確認し証言しています。これはマスキュラックス中毒の動物実験で確かめられている呼吸回数の上昇と矛盾します。呼吸困難感が見られません。

③　45歳男性（2000年11月24日急変）＝回復

89歳女性と同日夕方の案件ですが、二階堂医師が抗生剤の副作用と診

断し、Ｉ子医師は後医のためその旨を記載した注意書を渡しています。また守さんは、男性が自力で上半身を起す動きを見ています。

筋の弛緩はなく、マスキュラックス中毒と矛盾します。この外来患者の男性は副作用が収まり自分で自動車を運転し帰宅しているのです。

④　4歳男児（2000年11月13日急変）＝回復

ＦＥＳ手術の入院患者で、当時、Ｈ夫妻を含む３人の医師が呼吸困難の原因を、基礎疾患のてんかんや痰詰りによるものと、診断しています。加えて、警察が捜査に動いた後の12月4日に、4歳男児を紹介した医師に、「急変はてんかんと痰詰りの影響とみられるのでよろしく」と診療情報提供書に記載し、Ｈ夫妻の連名で送っています。

以上５件の診察・診断について、当時、資格のある専門家（医師）が行ったものを、専門家とは言えないはずの検察そして裁判官が否定するというのでは、医学的に正しい裁判であるとは言えません。

10　自白の問題

守さんが逮捕当日に犯行を自白・自認したということが、メディアの有罪の見方を方向づけたと思われます。

しかし、近年明るみに出た冤罪・誤判事件の関係で、やっていない人でも自白することがあるのだという見方が少しずつ浸透してきました。

本件当時は、普通一般人は「人はやってもいない殺人を認めるはずがない、人が自白するのはやっているからではないか」という思いがより強かったと言えましょう。過酷な取調べの苦しさから逃れようと、無実でも自白することがあることは、今は知られるようになりました。

第1章　幻の連続殺人事件——筋弛緩剤点滴はなかった　19

(1) 守さんの取調べの特徴

　守さんの父親は、当時、現職の宮城県警部補でした（守さんの逮捕後も、有罪判決後も、息子の無実を確信しており、辞めることなく職務を全うし、警部で定年を迎え退職しています）。そのため守さんは普通の人よりも警察官を信頼していました。また、お互い結婚を真剣に考えていた同僚看護師も同時に警察の取調べを受けました。この看護師は参考人としての取調べでしたが、守さんと一緒に小6女児の看護をしており、守さんは自分同様の過酷な取調べを受けているものと思い込んでいました。

　警察官は、否認する守さんに「薬を間違えて急変させたことも絶対にないと言い切れるのか」と責め立て揺さぶりをかけました。早朝から調べられ、ポリグラフ検査で「検査に反応した」と告げるなどし、延々と夕方まで、過酷な取調べを続けて、ついに屈服させたのです。

　守さんは、取調べ時の心境を次のように述べています。

　「取調べのとき3人の自分がいた。一人はやっていない自分。もう一人は、お前でなければ誰がやったんだ、看護婦かと責められ、恋人の看護婦の彼女も別室で責められていると考え、彼女を守らなければならない自分。そして信頼している刑事からお前だと決めつけられている自分。悩んでいるうちに、結局やっていない自分を見失った。僕だと言えば苦しいこの場から解放される、後で警察が調べればウソだとわかってくれるだろうと。そして、言葉で認めてしまった後にさらに追い込まれた。一旦認めると覆せなくなった。しかし、やっていないので犯行の手口も動機も言えるわけがないんです」。

　守さんの自認・自白の説明について、供述心理学の専門家、浜田寿美男教授は、事件性のあいまいな点滴という医療行為による犯罪が問題とされており、薬を間違ったのではないかという不安感を払拭できないこと、恋

人の看護師も取調べを受けていることなどから、自白・自認が生れたと説明しています。

　浜田教授は、再審請求で、さらに詳しく分析した意見書を提出しました。供述心理について裁判官の無知が影響していると述べています（第2部第3章参照）。

⑵　自白の具体的中身の信用性は、動機は

　自白は、最初の逮捕の小6女児の件が中心となっています。

　犯行説明では、500mℓ生食点滴にマスキュラックス1アンプル（4mg）を混入したというものです。点滴は、全部で5時間程かかる速度ですから、絶対に薬効が出ません。まるで「50メートルの射程距離の拳銃で100メートル先の人を撃ち殺した」と自白するようなものであり、自白供述では犯行が不可能なのです。

　「自白にかかる犯行の手段、方法によっては、明らかに犯行が不可能と判明した場合は、その自白が犯行の手段方法といった核心的な点で不合理な内容であったことを意味し、自白の信用性の判断に決定的な影響を与えることになる。」これが、実務の判断ルールなのです。

　これは「秘密の暴露」の反対の「無知の暴露」とでもいうべきことで、むしろ守さんの無実を物語っているのです。

　また、守大助さんにこの種の犯行の動機が認められるでしょうか。

　医師や同僚看護職員、さらには患者さんとの人間関係の良い守さんが、I子医師に対するいらだちから、患者さん殺害の犯行動機を形成するなどありえません。精神に異常のない人が、全く無関係の小6女児やその他の患者を筋弛緩剤で殺害する動機を抱くなどは、了解の困難なことです。供述調書を作成した警察官の思い付きの当て推量です。

　これら了解しがたい点は、そもそも筋弛緩剤の犯罪等がなかったとみる

と、すべて辻褄が合うことになるのです。

11　警察の鑑定とはどのようなものか

　確定判決は、何者かが、5人の患者の点滴に筋弛緩剤を不法に混入して投与した犯罪事件であると認定しました。

　事件性を認定した最も重要な証拠は、大阪府警科学捜査研究所・土橋均技術吏員の鑑定でした（以下、警察鑑定ないしは土橋鑑定という）。

　5通の土橋鑑定書には、血液等の鑑定資料から、筋弛緩剤（商品名マスキュラクス）の成分であるベクロニウムが検出され、その含有が認められたと明記してあります。

　土橋吏員は、検出したのはベクロニウムそのもの、つまり未変化体であり、決して加水分解物（変化体）ではない、鑑定目的は未変化体検出なので、分解物（変化体）の検出は試みてないと証言しました。

　そこで、確定判決は、土橋鑑定により、マスキュラックスの成分のベクロニウムそのものつまり未変化体を検出したと認定したのです。

　土橋鑑定のキーポイントは**「ベクロニウム未変化体の検出」**です。

⑴　鑑定資料が警察鑑定で全量消費されたという大問題

　最初に問題となったのは、血液等鑑定資料の「全量消費」でした。

　鑑定書に「鑑定資料は全量消費した」と明記されており、土橋吏員は「血液等の鑑定資料は捜査で全て使い切った」と証言しました。

　鑑定資料が全量消費されると、その追試・再現の鑑定ができません。

　鑑定資料は1回限りの鑑定になります。警察鑑定で本当に鑑定資料から筋弛緩剤の成分そのもの、つまり「未変化体」を検出していたといえるのか、これを確かめることができないということになります。

22　第1部　捜査・報道の合作えん罪

だからこそ、国家公安委員会規則である犯罪捜査規範（186条）は、「鑑定資料は再鑑定のために残しておくこと」と命じています。

　一回限りの検査や鑑定で、被告人が重大な不利益を被らないようにするため、再検査や再鑑定が保障されることが原則です。

　オリンピックのドーピング問題、話題となった大相撲力士大麻問題、競争馬の尿検査、いずれもＡ、Ｂ検体と２つ以上の同じ検体を作り、Ａ検体の検査や鑑定に不服な当事者には、Ｂ検体の再検査や再鑑定の機会が与えられているのです。守さんは競争馬以下の粗末な扱いで、無期懲役にされたといえるのではないでしょうか。

　大阪府警科捜研の技術吏員は、全量消費の理由について「筋弛緩剤の外に、砒素、青酸カリ、アジ化ナトリウムその他のありとあらゆる薬毒物を調べたため、鑑定資料を全部使い切った」と説明しています。

　なぜそのような薬毒物まで調べる必要があるというのでしょうか。

　鑑定嘱託書で鑑定の依頼もされていないし、鑑定嘱託書や鑑定書にも筋弛緩剤以外の薬毒物の検査のことは全く記載されていません。

　そもそも、鑑定が行われたとされる時期には、守大助さんは明確に否認していました。土橋吏員の証言は「将来の裁判で再鑑定の申立があることは、当然わかっていた、しかし、他の薬毒物の有無を調べることの方が、自分としては重要だと考えた」というものでした。

　患者の呼吸不全等が筋弛緩剤の薬効かどうかが問題なのに、砒素は消化器症状であり、青酸カリは窒息のメカニズムが全く違うのです。これらを調べる必要はなく、全量消費には全く合理性がありません。

　それでも判決は、「他の薬毒物の検査のために全量消費したことに合理性がないわけではない」と全量消費を容認したのでした。

⑵　土橋鑑定の組み立て

土橋鑑定には２つの大きな特徴があります。

①土橋鑑定は、信号X（m/z258）を未変化体の証明に用いた

土橋鑑定は、血液等の鑑定資料の中に筋弛緩剤の成分ベクロニウムそのものつまり未変化体の存在を証明することが目的でした。

まず、ベクロニウムの標品（未変化体）の質量を分析したところ、m/z258（以下、信号Xという）という信号が出た。

つぎに、血液等の鑑定資料について質量分析すると、同じ信号Xが出て、未変化体である標品の分析結果と血液等の分析結果が一致した。

よって血液等の中にベクロニウムの未変化体の存在を証明した、としています（「質量分析」の詳細は、第２部第１章の志田解説参照）。

土橋鑑定は、まさしく信号Xを未変化体の存在の証し・指標としており、信号Xの検出により未変化体の存在を証明する手法なのです。

これを三段論法的に言い表しますと、警察鑑定は、

「未変化体である標品から信号Xが出たこと」を大前提とし、「血液等の鑑定資料から信号Xを検出したこと」を小前提にし、結論として「血液等の中に未変化体の存在を証明した」

としているのです。

当然、大前提が成り立たないとなると証明は失敗です。

②土橋鑑定には標品と鑑定資料の中身を示す実験生データがない

土橋鑑定で、決して見逃してはならないことは、つぎの点です。

土橋鑑定書には「何かを分析し信号Xが出た」とするデータは示されています。だがそのデータは、血液等の中身を分析したことを示す実験の生データではありません。ですから、間違いなく血液等を分析したことを裏付けているとはいえないのです。

そればかりでありません。ベクロニウムの標品についてすら、中身を分

析して示した実験生データはなく、間違いなく標品（未変化体）を分析したことを裏付けているとはいえないのです。

この点は、最高裁において検察官が答弁書を出すまで、その理由が明かされることはありませんでした。後に述べることとします。

⑶　裁判所は警察鑑定を無批判に採用した

①　一審仙台地裁の判決

ベクロニウムの標品（未変化体）と血液等鑑定資料の両方から同じ信号Xが出たという論法で、「血液の中にベクロニウムの未変化体があるとわかる、これで犯罪であることが証明されている」としました。

前記の標品（未変化体）から信号Xが出たとする大前提をそのまま採用していることになります。

②　二審仙台高裁の段階で問題が浮き彫りに

法中毒学の福岡大学・影浦光義教授が鑑定意見書を提出したのです。

「ベクロニウムの質量分析では『ベクロニウムの分子量関連イオン』のm/z279（以下、信号Yという）が検出される。信号X（m/z258）が出現したからベクロニウムを検出したとする警察鑑定は誤っている。私のベクロニウムの実験結果も信号Yを検出している。標品から信号Xを検出したとする文献は世界に一つもない」と。

さらに弁護団は、世界の権威ある４研究機関が発表した４点の実験論文を入手しました。その全てで、標品の質量分析では信号Yを検出しており、信号Xを検出した研究機関は１つもありません。そこで、この４つの実験論文も証拠として仙台高裁に提出したのです。

ベクロニウムの標品から信号Xが出るのか、怪しくなりました。

そこで、土橋鑑定を検証する実験鑑定を仙台高裁に請求しました。

土橋鑑定はいわば三段論法による立証で、標品（未変化体）から、信号

第1章　幻の連続殺人事件──筋弛緩剤点滴はなかった　　25

Xが出ることを、未変化体の存在を証明する大前提としています。

ですから、標品（未変化体）から信号Xが出ないとなると、未変化体を証明する方法として根本的に誤っていることがはっきりします。

ですから、血液等の全量消費は土橋鑑定検証の妨げになりません。

鑑定請求に対して仙台高裁は、「警察鑑定では、ベクロニウムであることが疑いようのない標品を分析した結果と、血液等を分析した結果が一致している。警察鑑定と影浦鑑定や世界の4実験論文の分析では、分析の装置も条件も違うから、ベクロニウムの分子量関連イオンの、m/z279（信号Y）と違った数値m/z258（信号X）が出てもよい」として、再現性確認の鑑定請求を斥けてしまったのです。

この弁護人申立の再現性の確認実験こそ、再審請求の新証拠「志田実験鑑定」とまったく同じ目的の実験鑑定だったのです。

⑷ 最高裁に提出された検察答弁書

土橋鑑定では、世界の分析専門家と異なり、標品から信号Yが出てないし、一方、標品から信号Xが出るのか、その検証実験も行われてないし、標品から出ることを裏付けている実験生データもありません。

土橋鑑定は、標品の鑑定と言いながら、ベクロニウムではない別物を質量分析したことになるのではないか、という疑問が残るのです。

このような弁護人の指摘に対し、検察官は、最高裁では異例なことに「答弁書」を提出しました。2つのことが書いてあります。

1つは、「標品から信号Xを検出したこと」を裏付ける実験データがない理由について説明しています。土橋鑑定は血液等の分析だけでなく標品の分析すら、予め信号Xだけが選択的に検出されるように、質量分析装置を調整し設定して分析したというのです。ベクロニウムの標品ならば必ず信号Xが出てくると決め打ちした分析手法でした。

検察官はこの重大な事実を最高裁答弁書で初めて明らかにしました。

２つ目に、つぎのような重要な見解も答弁書で明らかにしました。

　標品からベクロニウムの分子量関連イオンの信号Ｙでなく信号Ｘが出た原因についてです。土橋吏員が標品を誤って加水分解させてしまい、その結果、加水分解物（変化体）を対象として分析したためではない。絶対に標品を加水分解させてはいない。質量分析では分析中に分析条件の影響で、開裂つまり分子の分子内結合の切断という機序によって、未変化体が壊れたフラグメントイオン（開裂イオン）として出て来ることがある。土橋鑑定でもベクロニウムの標品から未変化体のフラグメントイオンとして信号Ｘが出た、と説明したのです。

　ベクロニウムの標品から信号Ｘが出ることを、未変化体を証明する大前提とした土橋鑑定は、この説明のほか手がなかったのでしょう。

　だが最高裁でも、開裂で信号Ｘが出ることを裏付ける実験データは、出て来ませんでした。開裂で信号Ｘが出ることを裏付ける実験データが取れないことは、再審新証拠の志田実験で明らかにされます。

　最高裁は、この問題に全く応答しないまま上告を棄却しました。

　このようにして、守大助さんの無期懲役が確定してしまいました。

12　再審請求における弁護側の課題と新証拠

　有罪判決が確定すると、これを覆すには、裁判のやり直しを求めて再審請求の申立てを行うことになります。再審請求には前の裁判では出ていなかった新しい証拠を提出することが必要となるのです。

⑴　ベクロニウムから信号Ｘが本当に出るのか

　既述のように、ベクロニウムの標品の質量分析において、弁護側や４つの世界研究機関の実験では、全て、信号Ｙが出ており、信号Ｘは出ており

ません。土橋鑑定は誤りではないかとみられていたのです。

そこで再審の課題の1つは、土橋鑑定の再現性の検証実験でした。

再審の新証拠その1──志田保夫実験鑑定

東京薬科大学中央分析センターの志田保夫教授に、「ベクロニウムの標品の質量分析で信号Xが出るか」を問う実験鑑定を依頼しました（志田先生は、質量分析歴40年という専門家で、質量分析の解説書『これならわかるマススペクトロメトリー』〔化学同人、2001年〕の執筆代表者です）。

その結果は、案の定、「信号Xが開裂（分子内結合の切断）で出るということは決してない、また、分析の装置と条件に違いがあっても、信号Xは決して検出されることがない」というものでした。

開裂には、その分子のもつ固有の分子構造に従って切断するという科学的規則性があります。ベクロニウムの分子は信号Xが出現する形で切断する構造にはなっていないのです。ですから、4点の世界実験論文、そして影浦実験鑑定でも、信号Xが出なかったのは、科学的な根拠に基づいた当然の結論だったのです。

確定判決は土橋鑑定に支えられ、土橋鑑定は、ベクロニウムの標品の質量分析で信号Xが出ることを大前提にしています。志田実験鑑定は、事件性を認定した根拠を根底から崩壊に導く証拠となりました。

⑵　小6女児が急変した原因は何か

確定判決は、「事件発覚」の発端となった小6女児の事案について、小6女児が遷延性意識障害（いわゆる植物状態）になった原因は筋弛緩剤中毒であると断定しました。

第一審の仙台地裁では、日本医科大学・小川龍教授が「筋弛緩剤中毒ではありえない、原因は不明だが急性脳症だ」と証言しました。しかし、判決では、小川証言を斥ける具体的な理由を示さないまま「（筋弛緩剤の）他

に小6女児の急変症状を説明づける(少なくとも、その具体的な可能性を残す)原因が見いだせない限り、小6女児の急変は筋弛緩剤の投与によるものと認めるのが相当」としたのでした。

再審請求となると、弁護団は事実上「急変原因となる疾患の究明」に取り組まざるを得ない立場になりました。

再審の新証拠その2──池田正行診断鑑定

新証拠として、長崎大学・池田正行教授（当時）の「診断意見書」を入手しました。池田先生は、現在は香川大学に移り、また、高松少年鑑別所の医務課長で法務技官・矯正医官でもある神経内科医師です。NHKテレビの人気番組「総合診療医ドクターG」の企画・編集を担いつつ、自らも登場されていますので、ご覧になった方も多いと思います。

池田鑑定書は、「小6女児の症状は、筋弛緩剤中毒とみるには矛盾だらけであって、これは否定されること、そして、確定審で看過された仙台市立病院のカルテ等の診療記録を精査すると、ミトコンドリア病（メラス）と診断できる」としております。

詳細は池田解説（第2部第2章）に譲りますが、ポイントは主訴の腹痛と嘔吐、カルテに記載された高乳酸血症、肥大型心筋症、難聴です。いずれも、確定審では見逃されたのです。この間に複視、構音障害、不随意運動、意識障害、けいれん等の脳卒中様の症状があります。これらの一連の症状を一元的に説明できる唯一の疾患がミトコンドリア病（メラス）であると診断したのです。これは小川龍教授の証言とも整合しており、小川証言当時原因不明とした急性脳症の原因疾患を究明したのです。

決定的なのは、主訴の腹痛と嘔吐の説明ができることです。筋弛緩剤中毒説では説明できません。確定判決も主訴の腹痛と嘔吐には触れていません。患者の主訴を説明できない診断は間違っているのです。

有罪説の筋書は「点滴に筋弛緩剤が混入された」ですから、点滴の前か

第1章　幻の連続殺人事件──筋弛緩剤点滴はなかった　29

ら発症していた腹痛と嘔吐という主訴は無関係として放置したり、説明できないために無視されたのだと思われます。

ミトコンドリア病（メラス）の診断で、守大助さんの点滴と女児の一連の急変症状は全く無関係となりました。女児は受診の前から主訴の腹痛と嘔吐というミトコンドリア病の症状を発症していたのです。

守さんの点滴が、たまたま、複視、構音障害、不随意運動、意識障害、けいれん等の脳卒中様症状が出る前に行われたというだけなのです。

⑶　守大助さんはなぜ犯行を自白・自認したのか

本件の争点は事件性ですから、自白や自認はそれほど重要な争点とはいえませんが、やはり解明すべき課題の1つではあります。

再審の新証拠その3──浜田寿美男供述心理分析鑑定

新証拠として浜田寿美男奈良女子大学名誉教授の「意見書」を提出しました。浜田教授は供述心理学の専門家であり、被告人や証人などの供述を心理学的に分析する第一人者です。多くの著名な冤罪事件で意見書を提出し、裁判所等の判断に影響を与えている方です。

浜田教授は、守大助さんの捜査段階の供述調書等の供述と法廷供述を心理学的に分析し、仙台地裁と仙台高裁の判決の供述評価を批判しています。詳しくは浜田解説（第2部第3章）をご覧ください。ここではポイントだけ取り上げます。

1つは、確定判決が「被告人は法廷で捜査官の言いなりに供述したと説明するが、捜査官の確認事項を否定したり反論しており、説明に矛盾がある」とした点です。浜田先生は「裁判所は、虚偽自白というものが屈服しながらも主体性を残している被告人と捜査官の合作である点を見逃しており、虚偽自白の実態に無知である」と批判しました。

つぎに、重大事件を取調べの初日から認めたとされる点については、重

大事件とした裁判官の認識は後で結論づけた話であり、本件は事件性があいまいな特殊性がある、被告人が捜査段階で事件の認識を持っていたことを前提としている裁判官は「逆行性の錯誤」に陥っていると厳しく指摘しています。事件だということは、捜査官の発表とリークによる報道と審理を経た末に裁判の結果として成立したことです。

　他の論点でも鋭く批判し、真犯人とするとありえない不合理な供述がある、守大助さんを無実とみると初めて合理的に理解できる供述もありむしろ守さんの無実を示しているとし、裁判官は供述心理に無知で、正確な事実認定を行うための前提条件を欠いていたとみるのです。

13　再審請求の申立てと検察・裁判所の対応

　2012年２月、前項の３点の新証拠により、仙台地裁に再審請求を申し立てました。

⑴　検察の驚くべき主張変更――鑑定資料の全量消費を事実上撤回

　検察は志田実験鑑定に、実験で反論することができませんでした。

　土橋鑑定でベクロニウムの標品から出たとする信号Ｘが、開裂（分子内結合の切断）で出るとした主張を事実上撤回し、ベクロニウムの分解物（変化体）の分子量関連イオンと正面から認めたのです。これは、最高裁に提出した答弁書で「土橋鑑定では標品を誤って加水分解させる失敗はしていない」とした主張も事実上撤回するものでした。

　さらに、つぎのような驚きの主張に転じたのです。

　「土橋吏員は、本件鑑定の後、標品のベクロニウムからその分子量関連イオンの信号Ｙが出ることを知った。そこで冷凍庫に残っていた廃棄予定の微量の血液等の鑑定資料を分析したところ、信号Ｙが検出された。その

検出実験記録を証拠に提出する。」と言い出したのです。

土橋吏員は、鑑定書には鑑定資料は全量消費したと明記しており、法廷でもそう証言しました。ところが、鑑定資料の全量消費を事実上撤回することになったのです。検察官の主張の変更は、ベクロニウムの標品から未変化体が出たというためには、信号Xではなく信号Yの検出でなければならないこと、確定判決を支えた土橋鑑定の大前提が誤っていたこと、これらをまさに認めるに等しいものだったのです。

検察は事実上のギブアップ宣言をしたも同然でした。

⑵　証人調べせずに逃げた仙台地裁棄却決定

つぎに、再審請求に対する仙台地裁の対応をみることにします。

仙台地裁は守さんの再審請求にまともに向き合いませんでした。

弁護人と検察官の提出した意見書や実験鑑定書などの書面審理だけで判断するとして、2014年3月25日に棄却決定をしたのです。

弁護人が、志田保夫元教授及び池田正行教授の証人調べを求めても、検察が提出していない証拠の開示を請求しても一切応じませんでした。

ただ、信号Xがベクロニウムの加水分解物（変化体）の分子量関連イオンで、その存在の指標であることは、検察同様に認めたのです。

以下、その判断と認定についてみていくことにします。

⑶　土橋鑑定の誤りの核心はつぎの点にあります。

ベクロニウムの標品（未変化体）から、信号X（m/z258）が開裂（分子内結合の切断）で出るとしている質量分析の専門家は世界に誰一人いないことです。土橋鑑定には科学の要件である再現性も、客観性も、予測性も、ありません。

それでも仙台地裁は、土橋鑑定の標品分析の間違いを認めようとはしま

32　　第1部　捜査・報道の合作えん罪

せん。その誤りを認めると再審開始が避けられなくなるのです。

① 標品から信号Ｘが出たならそれは加水分解なのに

検察が「開裂で出ると積極的には主張しないが出る可能性がある」としたのと同様、仙台地裁も「出る可能性がある」とするのです。

いわば「標品からの信号Ｘの検出」を実験により実証的に否定した志田実験鑑定でも「絶対に出ないとまでの証明はしていないだろう」とみて「出る可能性がある」とこじつけます。さらに、分析中に標品が加水分解して出た可能性もあるとこじつけるのです。そして「開裂又は加水分解で出た可能性がある」としました。

要するに、開裂なのか加水分解なのかは不明であるが、そのどちらかが原因となって信号Ｘが出た可能性があるとしているのです。

世界の研究者でこんな非科学的なことを言う人は誰一人おりません。

信号Ｘは開裂で出ることはありません。ベクロニウムの加水分解物（変化体）から出て来る、分解物の存在の証し、指標なのです。

土橋鑑定では標品を加水分解させるという失敗をしているのです。

② 確定判決は一義的に未変化体検出として成立していたのに

仙台地裁は「土橋鑑定で血液等の鑑定資料から信号Ｘが出たことは疑いない事実だから、少なくともベクロニウムの未変化体又は変化体が血液中にあったことは強く推認できる」としました。変化体（分解物）はベクロニウムのみに由来し、体内生成もない、小６女児への筋弛緩剤の治療投与もないから、事件性は優に推認できるとしました。

はたして、このような理由付けで事件性を推認して認定することが、許されるのでしょうか。

前記「警察鑑定の組み立て」で確認したとおり、確定判決は、土橋鑑定で標品から信号Ｘが出たことをもって一義的に未変化体を検出したとし、これを三段論法の大前提とし、血液等の鑑定資料からも信号Ｘを検出した

第1章　幻の連続殺人事件——筋弛緩剤点滴はなかった　33

ことを三段論法の小前提にし、一義的に未変化体の存在を証明したとして事件性を認定していることはまぎれもない事実です。

確定判決は一義的な未変化体の検出で成り立っています。従って、これが成立しなくなった以上、再審開始による見直しが避けられません。

③　血液等から信号Xが出たことの裏付けデータは全くない

仙台地裁の棄却決定は「土橋鑑定で血液等の鑑定資料から信号Xが出ていることは疑いのない事実である」としています。

だが「血液等から信号Xが出たこと」を裏付けるデータは全くありません。このことは、最高裁答弁書で検察官が「標品の分析でも鑑定資料の分析でも、信号Xだけを選択的に取り出すように分析の装置を調整し設定したから、中身のわかる生の実験データは取れない仕組みになっている」とする趣旨の説明をしたことからも明らかです。

実験鑑定なのに、実験データによる裏付けがないのでは、はたして何を分析したものか不明であると言われても仕方がないのです。

④　土橋鑑定の組み立てでは事件性の認定はできない

土橋鑑定の組み立ては、小6女児の例を示すと、以下のとおりです。

大前提「ベクロニウムの標品（未変化体）の分析で信号Xが出た」
小前提「小6女児の血液を分析したところ信号Xが出て来た」
結　論「小6女児の血液の中にはベクロニウムの未変化体がある」

しかし、信号Xは分解物の指標であり、大前提は成り立ちません。

標品の分析を失敗したことにより、血液分析の意義はなくなるのです。

実際、仙台地裁棄却決定もこのことをよく知っていますから、事件性の証明が失われたことを認め、事件性の推認へと逃げ込んだのです。

しかし、小6女児の血液から信号Xが出たことは間違いないとし、推認

34　第1部　捜査・報道の合作えん罪

だけを重ねて事件性を認定しました。しかし、前記のとおり、小6女児の血液から信号Xが出たことを裏付ける実験データはありませんから推認も許されません。そもそも、なんら事実の証明がなく、推認だけを重ねて事実を認定することは、刑訴法317条「事実の認定は証拠による」という、証拠による証明を規定した証拠裁判主義に違反するものであり、許されないのです。

　以上、守大助さんの再審開始は免れないのです。

　土橋鑑定の大前提の誤りを、つぎのとおり**表3**で示します。

表3

ベクロニウムの未変化体の質量・分子量は557
ベクロニウムの質量分析により検出される 分子イオンの信号は…………………m／z 557 分子量関連イオンの信号は………m／z 279
本文ではm／z 279を「信号Y」と略称している
世界の全ての分析機関も弁護側鑑定も「信号Y」を検出
標品のベクロニウムから信号Yが出ない土橋鑑定は誤り

ベクロニウムの加水分解物の質量・分子量は515
ベクロニウムの加水分解物の質量分析により検出される 分子イオンの信号は…………………m／z 515 分子量関連イオンの信号は………m／z 258
本文ではm／z 258を「信号X」と略称している
土橋鑑定では標品のベクロニウムを加水分解させる失敗をして、加水分解物の分子量関連イオンの信号Xが出た。
標品から信号Xを出したのでベクロニウムの未変化体を検出したとする土橋鑑定は誤りで、再審開始は免れない。

第1章　幻の連続殺人事件——筋弛緩剤点滴はなかった　　35

14　捜査と裁判はなぜ誤ったのか

確定審と再審請求審の審理から、以下の点がわかってきました。

(1)　捜査が誤った原因は何か

病院内で患者が「急変」することは、外来にせよ入院にせよ、元々、体調不良で診療中ですから、何も珍しいことではありません。

「急変」や「点滴」に「犯罪の影がある」などとは誰も考えません。

本件は、2000年10月31日、北陵クリニックの小児科を受診した小6女児の「急変原因の不明」が発端です。クリニックでも転送先の仙台市立病院でも、「急性脳症」以上はその原因が分かりませんでした。後に遷延性意識障害（いわゆる植物状態）と診断されます。

クリニックはもちろん市立病院も事態を深刻に受けとめました。

同年11月30日に双方の医師の協議（カンファレンス）が行われますが、原因が分かりません。12月1日、H教授から相談を受けた法医が宮城県警に足を運んで情報を提供し、捜査が始まりました。

「守大助が点滴した後に急変した」「前に点滴、後に急変」という「前後論法」に基づくストーリーが出来てしまいました。この筋書が自らをも騙すこととなり、その後の捜査の行方を縛ったのです。

本件は医療絡みの案件であり捜査には医学知識が求められました。

筋弛緩剤事件との強い思い込みから、入院中の病院カルテ等を入手して医学専門家に原因究明を依頼するという発想がなかったのです。

本件の捜査は、尾行と張り込みで守さんを別件逮捕する機会を狙うというものでした。身柄を引く証拠がありませんから、「捕まえて叩けば吐くだろう」という、旧態依然の自白・供述頼みの捜査でした。

だが、別件逮捕のネタすらなく、2001年1月6日に任意同行し、自白

を迫るだけという捜査だったのです。そして逮捕という後戻りのできない状況に突入してしまったのです。

逮捕4日目に否認・黙秘となり、自白に頼った捜査は頓挫しました。

小6女児の「急変」「遷延性意識障害」の原因は、医療の視点から医学的に解決すべきことでした。犯罪捜査を専門とする刑事警察の手に委ねられたことにより、とんでもない方向に向かったのです。

医学的検討を怠った捜査のツケは、再審の新証拠「ミトコンドリア病（メラス）と診断した池田鑑定意見書」となって回って来たのです。

(2)　裁判が誤った原因は何か

確定第一審仙台地裁の最大の誤りは「鑑定資料の全量消費」を安易に容認したことです。そして、質量分析に関する科学的知識の不足です。ベクロニウムの定性分析方法の世界標準の検討も不十分でした。

さらに、実験の生データがなく中身が隠されていることを見抜かなければなりませんでした。事件性の証明に実証性がなかったのです。

確定第二審仙台高裁の最大の誤りは、ベクロニウムの定性分析手法の世界標準が証拠で示されたのに、土橋鑑定の検証実験を怠ったことでした。「標品なので未変化体に決まっている、分析の装置と条件が違えば別の信号が出てもよい」などとし、科学的吟味を怠ったのです。

事件性の証明に実証データを求めない点では一審同様です。弁護人が求めた検証実験は再審の志田実験鑑定と全く同じですから、採用して実験をしていれば、事件性の証明のないことが判明したのです。

最高裁は検察官の「開裂で信号Xが出る」との説明をうけて上告を棄却してしまいました。そのため、土橋鑑定で採用したベクロニウムの定性分

析手法は、世界の実験文献ではその例が皆無であること、また、土橋鑑定では、血液等の鑑定資料についてはもちろん、標品についてすらも、信号Xが出たことを実証するデータが欠落していること、そして、土橋鑑定の再現性を検証する実験がなされていないこと、等の事件性の証明に関わる重大な問題が究明されずに放置されたままとなり、確定審の幕は閉じられてしまったのです。

科学的な厳密さの追究不足であり、検察の立証に対する甘さです。

15　本件再審事件の特徴と見通し

⑴　再審事件の特徴

北陵クリニック事件の再審では、次のような特徴を指摘できます。

本件の特徴をキーワードにより指摘することとします。

①　カルテを見ないで逮捕

発端の小6女児の件では、カルテを入手しないまま逮捕しました。

医療行為を装った犯罪とされましたが、カルテを精査せずに医療の行為から殺人行為を切り分けることはできません。神経内科学専門家の判断も得られずに、起訴に追い込まれたのです。医療の世界で解決しなければならない事案を、犯罪追及の場においた失敗事例です。

②　主訴の腹痛と嘔吐の説明ができない

小6女児は腹痛・嘔吐を主訴に受診しました。筋弛緩剤中毒の認定は主訴を説明できないその1点だけで誤りと分かります。主訴の原因を説明できるのは、新証拠である「ミトコンドリア病（メラス）」です。

③　鑑定資料の全量消費

血液等の鑑定資料は何度でも鑑定できる十分な量があったのです。血液等を残して公判で再鑑定させる方が、警察鑑定の信用性は格段に増すので

す。全量消費には土橋鑑定の自信のなさが見え隠れします。

④ 「再現性のない鑑定手法」

質量分析計による鑑定は科学技術の成果に基づいた分析手法です。

質量分析には、同一の科学的原理に基づいて世界の誰もが同じ結果を導くことになる再現性、客観性、そして予測性があるのです。

土橋鑑定の手法は再現性がなく、およそ科学とはいえないのです。

⑤ 土橋鑑定自体に裏付け実験データがない

土橋鑑定書にはベクロニウムの標品から信号Xが出ることを裏付けている実験データがないばかりか、過去に土橋吏員が信号Xを出していることを示す実験データもありません。すなわち、証拠の裏付けのない分析手法であり、単なる口頭の説明に過ぎないことになります。

⑥ 検察官の主張自体がありえない話

土橋鑑定はベクロニウムの標品から信号Xを出したことで未変化体を検出したとします。しかし、信号X（m／z258）はベクロニウムの分解物（変化体）の分子量関連イオンであり、その存在の証し、指標です。したがって、土橋鑑定は未変化体を検出したことにはならず、未変化体を証明したとする検察官の主張自体が成り立たないのです。

⑦ 検察の主張を支える研究者は皆無

他の再審事件では往々検察主張を支持する研究者が登場しますが、本件は池田診断と志田実験に反論する研究者は一人も出て来ません。

これは、池田診断と志田実験が再現性、客観性を有するからです。

別の言い方をすると、池田教授や志田元教授の鑑定意見は、科学的証拠に基づいており、他の専門家の誰でも同じ結論に至るからです。

⑵ 再審事件の見通し

上記のような特徴をもつ再審事件ですから、もう再審の開始が避けられ

ないことは明らかです。質量分析鑑定と医学的診断という科学的裏付けがありますから、再審が開始されるのは時間の問題なのです。

　繰り返されてきた「問題の先延ばし」は、これ以上許されません。

　無実の守大助さんの一日も早い社会復帰が求められています。

　心から、読者の方々のご支援をお願い申し上げます。

（あべ・やすお）

第2章

「筋弛緩剤点滴殺人事件」報道
冤罪を助長した警察情報の垂れ流し

山口　正紀
ジャーナリスト・「人権と報道・連絡会」世話人

1　はじめに

　守大助さんが殺人・殺人未遂罪で逮捕・起訴され、無期懲役刑が確定したこの事件を、弁護団、支援者は、「北陵クリニック事件」と呼びます。

　ところが、そう聞くとほとんどの人が「そんな事件あった？」と首を傾げます。それで、「筋弛緩剤点滴殺人事件と報道された事件です」と言い換えると、多くの人が当時の報道を思い出して、「ああ、確か仙台で病院の准看護師が患者の点滴に筋弛緩剤を混入して、何人も殺した事件だった。あれはひどい奴だね」と言い直すのです。

　しかし、記憶はそこで終わります。事件がその後どうなったか、についてはだれも知りません。犯人とされた守さんが無実を訴え、弁護側が「患者急変の原因は筋弛緩剤ではない」と〈事件の存在〉そのものを否定していることは、もっと知られていません。

　そもそも、メディアが「筋弛緩剤点滴殺人事件」と名付けたこと自体、

警察情報を鵜呑みにした虚構だったのです。

　事件は無差別殺人などではなく、北陵クリニックという医療機関で起きた複数の原因による患者の死亡、急変を警察が「事件」化したものでした。

　殺人事件なら犯人・殺人犯がいます。しかし、この事件に殺人犯はいません。北陵クリニック事件とは、警察・メディアが合作した冤罪事件です。そして、この冤罪事件の犯人は、守さんを殺人犯に仕立てた警察・検察、守さんに「恐怖の点滴男」のレッテルをはりつけたメディアなのです。

2　報道が、読者・視聴者に「犯人」と信じ込ませた！

(1)　松本サリン事件

　《ナゾ急転　隣人が関係／悲劇招いた除草剤作り？　住民「これで眠れる」》(『朝日新聞』)

　《調合「間違えた」救急隊に話す／以前から薬品に興味》(『毎日新聞』)

　《住宅の庭で薬物実験？／「あの家が─」周辺住民あ然／原因わかり安ど》(『読売新聞』)

　これは1994年6月29日付各紙社会面トップの大見出しです。

　6月27日、長野県松本市で起きた「松本サリン事件」で7人が死亡、約150人が重軽傷を負いました。翌28日、長野県警が第一通報者の河野義行さん宅を「殺人容疑」で家宅捜索すると、メディアは一斉に河野さんを犯人視する大報道を始めました。新聞、テレビ、週刊誌は河野さんを犯人視するセンセーショナルな報道を繰り広げ、「薬品を扱うライセンスを持っている」といった「犯人らしい」断片的情報が続きました。

　河野さんは7月30日、退院して記者会見し、報道は事実無根と訴えました。このころまでには、毒ガスは「サリン」と判明し、同日付『朝日』夕刊は《押収された薬品類だけでは、サリンは合成できないと判明した》

42　　第1部　捜査・報道の合作えん罪

と報道したのですが、その後も犯人扱い報道は変化しませんでした。

　メディア総ぐるみの報道で、日本中の人々が河野さんを松本サリン事件の犯人、「毒ガス男」だと信じ込みました。河野さん宅には、嫌がらせ電話や脅迫状が８月だけで100件以上も相次ぎました。「死ね」「松本から出て行け」という脅迫状、深夜の無言電話が約１年も続いたのです。

　一連の報道はすべて、大誤報でした。翌年３月、地下鉄サリン事件が起き、オウム真理教幹部ら多数が殺人罪で起訴され、有罪が確定します。

　河野さんの抗議を受け、新聞・テレビは、扱いは小さかったものの、誤報の訂正に応じました。河野さんはその後も「毒ガス男」のレッテルをはがし、汚名を晴らすための長い闘いを続けました。そうして、自分と同じような数多くの「報道被害者」を支援する大きな存在になったのです。

⑵　足利事件

　1990年５月に栃木県足利市で起きた「足利事件」でも、逮捕と同時にすさまじい犯人視報道が行なわれ、読者・視聴者に無実の菅家利和さんを犯人と信じ込ませました。

　1990年５月12日、足利市で４歳女児Mちゃんが不明になり、翌13日、渡良瀬川河川敷で遺体が発見されました。捜査は難航し、翌1991年12月１日、『読売』『朝日』『毎日』が全国版で「幼女殺害容疑者浮かぶ」と報道。この日朝、栃木県警は菅家さんを任意同行し、２日未明、逮捕しました。この逮捕を報じた12月２日の各紙朝刊最終版の見出しはこうです。

　《足利の女児殺し容疑／元園運転手を逮捕／「首絞めた」と自供》（『朝日』）

　《"ミクロの捜査" １年半／一筋毛髪決め手／私がやりました》（『読売』）

　《○○ちゃん事件自供／ＤＮＡ鑑定切り札に》（『毎日』、原文は実名）

　《園児送迎のおじさんが…／仕事はまじめで無口》（『産経新聞』）

　《今春まで園児バス運転／少女写真、ビデオ収集／執念の捜査１年半》

第２章　「筋弛緩剤点滴殺人事件」報道——冤罪を助長した警察情報の垂れ流し　43

（『東京新聞』）

　記事は、《"幼女の敵"は大胆にもすぐそばに潜んでいた》（『読売』）など
と菅家さんを「幼女の敵」に仕立てました。また、《ＤＮＡ鑑定が決め手》
（『産経』『東京』）、《ＤＮＡ鑑定切り札に》（『毎日』）などと、警察のＤＮＡ
型鑑定を絶対視し、「科学的裏付けのある逮捕」を印象付けました。

　さらに、《未解決３事件／状況や目撃にも類似点》（『読売』）など、各紙
が別件も押し付けて、菅家さんを「幼女の敵」とする地元の雰囲気を形成
し、その後の裁判にも大きな影響を与えました。

　菅家さんは一審の途中で無実を訴えましたが、弁護士にも信じてもらえ
ず、二審からようやく裁判で無実を争うことになったのです。

　しかし2000年７月、最高裁は上告を棄却、無期懲役が確定し、千葉刑
務所に収監されました。そして再審請求中の2009年６月、専門家のＤＮ
Ａ型鑑定によって無実が明らかになり、直ちに釈放。2010年３月、再審
無罪となったのです。菅家さんもまた、警察・検察の冤罪と同時に、メ
ディアによる報道被害に苦しめられた「冤罪・報道被害者」でした。

⑶　袴田事件

　時代は遡って1966年６月、静岡県清水市（現・静岡市）で起きた袴田事件。
味噌工場専務一家４人が殺害されたこの事件で約２か月後、元プロボク
サー袴田巌さんが逮捕されました。

　袴田さんは、取調べで多数の自白調書を取られました。裁判では一貫し
て無実を主張しましたが、自白調書のごく一部を証拠として、一審で死刑
判決を受け、1980年に死刑判決が確定しました。

　この事件では、一審公判中に捏造されたとしか思えない「血染めの衣類
５点」が味噌工場で「見つかる」など、当初から冤罪の疑いが濃厚だった
のですが、再審請求で実施されたＤＮＡ型鑑定などによって、ようやく無

実が判明し、2014年3月、再審開始と釈放が決定されました。

　この事件でも、捜査段階から袴田さんへの犯人視報道が行われました。捜査が難航する中、1966年7月4日『毎日』朝刊は、《従業員Ｈ浮かぶ／血染めのシャツを発見》の見出しで「有力容疑者と見て証拠固め」「金に困っていた」と袴田さんを標的に「特ダネ」報道。各紙が《有力な容疑者／血染めの手ぬぐい押収》（4日『読売』夕刊）、《従業員から事情聞く／衣類の血液調べる》（5日『静岡新聞』朝刊）などと後追いしました。

　静岡県警が任意取調べに着手すると、18日各紙夕刊は《袴田を連行、本格取り調べ／夕刻までに逮捕／不敵なうす笑い》（『毎日』）などと一斉に実名・犯人視報道。逮捕後は、各紙が「人間ではない。まるで鬼だ」「近所の主婦もホッと」「身持ちくずした元ボクサー」などと犯人・悪人イメージを強調する報道を繰り広げました。

　半世紀に及ぶ長い冤罪との闘い。その中で、初期の犯人視報道は、市民だけでなく、裁判官にも「犯人イメージ」を刷り込み、冤罪を晴らすうえで大きな障壁となったのです。

⑷　冤罪が自動的に誤報となる犯罪報道の構造

　私は読売新聞記者時代から現在まで、数多くの冤罪事件を取材してきましたが、そのすべてで、逮捕と同時に実名（しばしば顔写真入り）犯人視報道が行なわれています。警察が捜査を誤ると、事件報道も自動的に誤報となる。そういう構造が、日本の事件・犯罪報道にはあるのです。

　情報源は警察・検察、裏付け取材は警察情報の補足に過ぎず、「自白」報道で被疑者＝犯人と印象付ける。記者クラブの記者は、「警察から情報をもらえなくなるから」と自白強要、長時間の取調べなどの捜査チェックはせず、捜査の問題点などほとんど報道しない──こうして、延々と繰り返されてきた報道被害の原因は、まとめると次のようになります。

第2章　「筋弛緩剤点滴人事件」報道──冤罪を助長した警察情報の垂れ流し　45

①有罪断定の報理＝警察・検察の捜査情報に依存し、「無罪推定の法理」を無視して、「逮捕＝犯人」を確定した事実のように報道するメディア裁判

②犯人探しの特ダネ競争＝読者・視聴者の関心に応えるためと称して、事件を大々的に扱う伝統的体質、そこから生まれる激しい特ダネ競争

③興味本位なセンセーショナリズム＝大事件や特異な事件が起きると、集中豪雨のように大量の記事で紙面を埋め、ニュース番組も事件一色になるセンセーショナリズム

④人権意識の希薄な記者＝記者、メディア幹部の人権意識の欠如

このほか、誤報の原因を探ろうとせず、責任も取ろうとしないメディアの無反省も、誤報を繰り返す大きな原因です。

足利事件再審の中で、警察の誤ったＤＮＡ型鑑定を論じた2009年6月5日付各紙社説は、《当時のＤＮＡ鑑定は精度が低いことを承知していながら、重視し、自白を引き出す材料にもされた》（『毎日』）、《裁判所にも猛省を促したい。ＤＮＡ型鑑定を過信するあまり、無理やり引き出された「自白」の信用性を十分検討せず、有罪との判断に陥った面はなかったか》（『朝日』）などと警察・裁判所を批判しました。

しかし、ここには、警察発表を鵜呑みにして「ＤＮＡ鑑定が決め手」「ＤＮＡ鑑定切り札に」などと書いた自社報道への反省はみられません。

私が知る限り、最も大きな紙面を割いて誤報を検証したのは、松本サリン事件です。河野さんの要求に応じ、1995年4月、『朝日』がおわび記事を掲載、各社が次々と「おわび・訂正」記事を載せ、「誤報検証」報道を行ないました。しかし、この後も「逮捕＝犯人」断定報道は繰り返されてきました。警察情報に依存した〈誤報の構造〉が変わっていないからです。守大助さんを「恐怖の点滴殺人男」に仕立てた「仙台・筋弛緩剤事件」報道もその一つ、〈構造的な誤報〉だったのです。

3　逮捕で始まった「筋弛緩剤点滴殺人」報道

⑴　逮捕と同時に犯人断定の大報道──「病院内の無差別殺人」

　2001年1月6日、宮城県警の逮捕発表と同時に、テレビは「病院内の無差別殺人」「筋弛緩剤点滴殺人」として、守さんを犯人と断定する大報道を開始。翌7日、全国紙各紙は一面トップで「守逮捕」を報じました。

　各紙一面の主な見出し（注：当時は、「准看護師」を「准看護士」と記述。引用は新聞記事のまま。以下、東京本社最終版）は次のようなものです。

《患者点滴に筋弛緩剤／元准看護士を逮捕／殺人未遂容疑／小6意識不明／仙台の病院／容体急変十数人／7、8人が死亡》（『朝日』）

《女児に筋弛緩剤　重体／元准看護士逮捕／不審な死、数人／仙台の病院》（『読売』）

《女児に筋弛緩剤点滴／殺人未遂容疑／元准看護士を逮捕／仙台の病院／過去に複数の急死者》（『毎日』）

　テレビも「事件」をセンセーショナルに取り上げました。8日付新聞のテレビ欄には、次のようなタイトルがずらり並びました。

　◆NHK「ニュース10」【点滴に筋弛緩剤・殺人未遂続報】

　◆日本テレビ「ルック」【恐怖！少女に筋弛緩剤・29歳男謎の動機・複数の不審死も】

　◆TBS「ベストタイム」【無差別殺人か・准看護士"殺人点滴"の謎を追う】

　◆フジテレビ「とくダネ！」【恐怖！少女に筋弛緩剤点滴・29歳元准看護士を逮捕・複数患者に投与！？約10人不審死】

　◆テレビ朝日「やじうまワイド」【衝撃！点滴に筋弛緩剤混入で大量殺人か？】、「モーニング」【病院内で殺人未遂の准看護士逮捕】、「ニュースステーション」【点滴殺人？動機は…】

新聞・テレビはその後も連日、警察のリーク情報を流し、守さんを「恐怖の点滴男」に仕立てていきます。『毎日』『朝日』は「被害者」の数を20人、そのうち10人が死亡と報じました。

　《背筋凍る"恐怖の点滴"／守容疑者／「容体急変」平然と報告》（8日『読売』）

　《守容疑者／20人点滴、約10人死亡／筋弛緩剤／在籍2年で》（9日『毎日』）

　《筋弛緩剤3人からも検出／仙台の病院／守容疑者が点滴／「女児」後も急変・死亡／計20人近く容体急変　うち10人死亡》（10日『朝日』）

　守さんは逮捕から4日目の1月9日、阿部泰雄弁護士の接見によって、警察が仕掛けた「虚偽自白の罠」から脱出し、否認に転じます。

　しかし、メディアは否認以降も連日、読者に犯人と信じさせるような「自白」報道、「悪人視」のプライバシー侵害報道を続けたのです。

　《「十数人に薬物」と供述／同僚女性や職場など／「いろんな不満」》（10日『読売』）

　《「副院長ら困らせたかった」／守容疑者が供述／給与上がらず不満》（10日『毎日』）

　《筋弛緩剤点滴／「医師の腕試す」意図／守容疑者供述／地位にも不満》（13日『朝日』）

　阿部弁護士らは、1月18日の「NHK・クローズアップ現代」の放送予告【点滴された殺意・その真相は】を知り、放送中止を申し入れました。その際、「守さんは逮捕4日後から否認している」と伝えました。NHKは申し入れを拒否し、予告通り放送しましたが、19日に各社が守さんの否認を小さく報道し、ようやく「否認」報道が行なわれたのです。

　この事件の大きな特徴は「いきなり逮捕」です。通常は「事件発生→捜査情報→被疑者逮捕」と進みます。それが、本件では「逮捕発表」と「事

事件を大々的に報じた『朝日新聞』報道

件発覚」が同時になり、メディアは最初から「筋弛緩剤点滴殺人事件が起きた」を前提に報道しました。そうして、警察情報を基に被害者の数を膨らませていくセンセーショナルな報道が繰り広げられていったのです。

(2) 突出した『朝日新聞』報道

　この事件では、『朝日新聞』の報道が突出し、他社を圧倒しました。宮城県警内部に太いパイプがあったのでしょう。警察は『朝日』を通して情

報操作し、読者をコントロールしていったようです。逮捕翌日の1月7日から1週間の『朝日』報道を検証してみましょう。

◆女児殺人未遂容疑逮捕で「7、8人死亡」の大報道
【1月7日朝刊・一面トップ】《患者点滴に筋弛緩剤／元准看護士を逮捕／殺人未遂容疑／小6意識不明／仙台の病院／容体急変十数人／7、8人が死亡》――記事は、宮城県警が「小6女児の点滴に筋弛緩剤を混入して殺害しようとした殺人未遂の疑い」で守さんを逮捕したことを報じ、《ここ二年ほどの間に、守容疑者が同病院で点滴をした直後に七、八人の患者が死亡し、回復した患者も入れると容体が急変した患者は十数人に上る、という》と書きました。また、《捜査本部は患者個人に対するうらみではなく、病院への不満などが背景にある可能性もみて動機を追及する》と書いています。

　逮捕容疑は小6女児の殺人未遂なのに、この初報段階で、「容体急変十数人／7、8人が死亡」と報じたことが、その後の『朝日』の異常な大報道の基本的なトーンを決めたと言えるでしょう。

◆病院の責任を問いつつ、「無差別殺人の恐怖」強調
【1月7日朝刊・社会面トップ】《命救う病院でなぜ／元准看護士に殺人未遂容疑／動機は？　管理体制は？　「信頼、根底から崩壊」》――記事は《命を救う病院で、信じられないことが起きていた》《ここまでの事態を招いた病院や行政のチェックシステムのあり方も問題となりそうだ》と書きました。

　また、《「今まで経験したことのない極めて凶悪な事件。信頼する側(患者)と、信頼される側(病院)の関係が根元から崩れてしまう」》と宮城県警・蔵本英雄刑事部長の記者会見を引用。宮城県保健福祉部長の「起きてはい

50　　第1部　捜査・報道の合作えん罪

けないことが起きてしまった」など、病院や行政の管理責任を問う形で、実際は「無差別殺人の恐怖」を煽ったのです。

◆不自然な「犯行動機」を疑わない記者
【1月8日朝刊・一面トップ】《筋弛緩剤点滴／「待遇に不満」と供述／容疑者の准看護士／混入「ほかにも」／点滴後幼児も死亡》——記事は、《動機について「北陵クリニックの待遇が悪い」と日ごろから不満を抱いていたことを漏らす供述をしていることが七日、わかった》《容体が急変して死亡した七、八人の患者について筋弛緩剤を混入したかどうかについては「ないわけではない」「いちいち覚えていない」などとも話しているという》と書いています。

　「待遇が不満で無差別殺人」などという不自然な動機、「ないわけではない」などのあいまいな「供述」は、警察自身、「犯行動機」が思いつかないまま、守さんに自白を強要した結果と思われますが、記事には記者がそんな疑問を持った形跡がほとんどありません。

◆警察の「犯行ストーリー」をそのまま記事に
【1月8日朝刊・社会面トップ】《「急変まさか…」発端／北陵クリニック事件／「筋弛緩剤減っている」／調査の副院長が気付く》——記事は、《事件の発覚は、患者の容体急変を目の当たりにした副院長の疑問が発端だった》とし、H副院長の話を基に小6女児の「容体急変」の様子を詳しく書きました。この記事は警察・検察ストーリーの核心でもあります。

　要約すると、①女児は10月31日午後6時ごろ来院、熱はないが腹痛・嘔吐があり、虫垂炎の可能性があるので入院させた②H副院長は午後6時半ごろ、守容疑者に抗生物質を点滴するよう指示した③6時55分ごろ、「女児が、モノが二重に見えると言っている」と守容疑者が言い、呼吸が止まっ

第2章　「筋弛緩剤点滴人事件」報道——冤罪を助長した警察情報の垂れ流し　51

たため、蘇生術を施し、救急車で転院させた④副院長はこの「急変」が腑
に落ちず、11月中旬、法医学者に相談し、筋弛緩剤の可能性を示唆され
た⑤筋弛緩剤の在庫を調べると、手術の回数と比べて減っていたため、
12月1日、警察に相談に行った⑥副院長は守容疑者に退職勧奨するよう
事務長に依頼し、守容疑者は辞めたが、退職するまで、点滴も含めてふだ
ん通りの仕事をしていた——というストーリーになります。

　記事を読めば、いかにも守さんが怪しく見えます。しかし、疑問も出て
きます。来院前の「腹痛・嘔吐」、点滴後の「モノが二重に見える」原因
は何だったのか（この疑問は、再審請求で池田意見書が解明。第2部第2章参照）、
11月中旬に法医学者と相談し、守さんを疑ったのだとしたら、なぜその
後も守さんに「点滴」を続けさせたのか、記者は疑問を持たなかったので
しょうか。

◆「急変の守」を見出しに、立件できない「事件」も記事化
【1月9日朝刊・一面トップ】《守容疑者／別の薬物も点滴に混入？　筋弛緩
剤管理強化の直後／担当患者容体悪化　「急変の守」と異名》——この記
事は、守さんが女児の事件の約1か月後、《幼い男児の点滴に別の薬物を
混入させていた疑いが強いことが……捜査本部の調べでわかった》という
ものです。《少女の容体急変を不審に思った病院側が筋弛緩剤の管理を厳
重にした直後だった》《男児の容体変化についても詳しく調べを進めてい
る》として、守さんが別の犯行にも手を付けたかのような印象を与えまし
た。

　しかし、この件は立件もされず、うやむやになります。ただ、読者に
「やっぱり犯人だ」との強い印象を与えたことは間違いないでしょう。

　サイド記事の《「急変の守」と異名》の話は、北陵クリニックの元看護
師の話を基にしたものですが、もし本当に「急変の守」と呼ばれていたと

52　　第1部　捜査・報道の合作えん罪

したら、相当以前からクリニック内で守さんが怪しまれていたことになります。ところが、この元看護師は《「当時、それが『おかしい』との思いには至らなかった」と話す》と記事は書いています。

それこそ「おかしい」でしょ、と言いたくなるような記事です。ほんとうに、「急変の守」と呼ぶ人はいたのでしょうか。

◆「もしかしたら」だけで「怒りと恐怖」を煽った記事

【1月9日朝刊・社会面トップ】《あの点滴　わが子も？／怒りと恐怖、震える母／長男にとっさの人工呼吸》——記事は、報道で「事件」を知った主婦が、「うちの子も、もしかしたら」と記者に話した、という内容です。

これも一面の「別の薬物」と同じく、立件されていません。記事本文も《主婦は、夜勤に就いていた守容疑者が点滴を交換するのを見ておらず、長男の容体の急変と守容疑者とのかかわりははっきりしない》と書いています。「はっきりしない」ことを、社会面トップで「怒りと恐怖」に煽り立てたのがこの記事です。

◆「大量殺人」を決定的にした「筋弛緩剤検出」報道

【1月10日朝刊・一面トップ】《筋弛緩剤３人からも検出／仙台の病院　守容疑者が点滴／「女児」後も急変・死亡／計20人近く容体急変　うち10人死亡》——この記事は、「守＝無差別大量殺人犯」との印象を決定的にしました。しかも、この記事で初めて守さんの顔写真が掲載され、「大量殺人犯」のイメージが、写真とともに読者に強く印象づけられたのです。

記事は、《クリニック側は、少女の容体急変直後から、守容疑者による筋弛緩剤混入を疑うようになり、守容疑者の点滴直後に容体の急変があった時は、血液や点滴液などを保管していた》《捜査本部がこれらを鑑定した結果、四人分から筋弛緩剤の成分が検出された》と書きました。

第2章　「筋弛緩剤点滴人事件」報道——冤罪を助長した警察情報の垂れ流し　53

この中には、小6女児も含まれているようですが、他の3人については具体的なことは何も書かれていません。もしH副院長が、急変後の血液や点滴液を保管するほど守さんを疑っていたのなら、守さんに点滴を担当させないようにしたはずですが、そうした疑問は記事にはありません。この記事は、県警が流した「捜査本部の鑑定で筋弛緩剤を検出した」との情報に操られ、事件を「既成事実化」したものです。

◆根拠も書かず、「高齢者を標的」の憶測報道
　【1月10日朝刊・社会面トップ】《特養から入院　5人死亡／守容疑者在職中の2年間／退院の日に点滴、急死も》——記事は、5人の死亡が守さんの関与や筋弛緩剤によるものかどうかなど何も書いていません。しかし、見出しの与える印象は「守容疑者の犯行」を匂わせ、前文の《捜査本部は五人について、死亡した当時の状況を詳しく調べている》との記述とあいまって、守さんが高齢者を標的にしていたかのように読ませます。
　後に弁護団が調査してわかったのですが、北陵クリニックでは数年前から経営が悪化し、「特養」から高齢者を次々と受け入れていました。であれば、高齢者が相次ぎ死亡するのも不自然ではありません。それを県警が「調べている」として守さんの関与を匂わせた記事は、メディア総ぐるみの「筋弛緩剤点滴殺人」大報道に便乗した典型的「飛ばし記事」です。

◆否認後も続けられた「自白」報道
　【1月10日夕刊・社会面トップ】《クリニック　対応後手／守容疑者警戒後も点滴続けさせ／逮捕当日まで院長にも事態知らせず／筋弛緩剤事件／副院長「恐ろし過ぎて」／看護婦に使われ不満／守容疑者供述》——記事は「なぜ点滴を続けさせたのか」とクリニックの対応を批判していますが、ある意味で「事件の不自然さ」も意図せず伝えたものになりました。

その一つは、H副院長が「守容疑者への警戒」を強め、12月には警察に相談していながら、それらの事態について二階堂昇院長(当時、後に死去)にまったく相談も報告もしていなかったことです。こんなことはあり得るでしょうか。また、副院長は守さんに「筋弛緩剤の使用について」一度も説明を求めなかった、とも記事は書いています。それについて《H副院長は「あまりにも恐ろしい事なので聞くに聞けないと言う気持ちだった」と説明した》とありますが、これも考えられないことです。記事は、「待遇面の不満」など「動機」めいたことを供述、とも書いています。

　この記事が出た10日には、すでに守さんは否認に転じていましたが、新聞・テレビは弁護士に取材もせず、「自白」報道を続けました。

◆警察のメディア操作をうかがわせる記事

【1月11日朝刊・一面トップ】《筋弛緩剤点滴／殺人容疑立件も視野／宮城県警／89歳の急死巡り》——記事は、89歳女性の血液を鑑定に回した結果、《筋弛緩剤が検出された模様》として、捜査本部が《殺人容疑での立件を視野に》捜査を進めると書いています。

　前日までの「10人死亡」などの記事と比べ、「何を今さら」という感じがしますが、警察がメディアに少しずつ情報を洩らし、メディアがそれに「操作」されていく状況もうかがえる記事です。

◆患者家族一人の話で「急変・搬送多数」報道

【1月11日朝刊・社会面準トップ】《守容疑者／夜勤の日、急変多数／他院へ搬送も突出》——見出しからは、守さんが夜勤の日に急変と他院搬送が突出していたように見えます。しかし、記事を読むと、「急変多数」の根拠は一人の患者家族の話に過ぎません。「搬送突出」に至っては、北陵クリニックから他院への転院搬送が大幅に増えているというだけの話で、守

さんとの関係は何も書かれていません。羊頭狗肉見出しの典型です。

◆「利尿剤検出」も事件に結び付けて記事化

【1月11日夕刊・一面トップ】《筋弛緩剤混入／利尿剤、男児から検出／少女の1カ月後に点滴》——この記事は、1月9日朝刊・一面トップ《守容疑者／別の薬物も点滴に混入？》の記事の焼き直し。「別の薬物」が「利尿剤だった」というものです。利尿剤は一般的に使われている薬品で、それが検出されたとしても事件性は低いのに、記事は、《筋弛緩剤に代わる薬品に目をつけた疑いが強い》として事件に結びつけ、不安を煽ったのです。

◆無責任談話で「好青年は仮面」と人格攻撃

【1月11日夕刊・社会面準トップ】《仮面だった？　好青年／患者にいじめ／「すぐキレる」印象》——記事は《「真面目な好青年」との評判の陰に、患者への冷たさや短気さも》として、守さんの「好青年」ぶりを「仮面」としました。その元になっている話は、「入院患者の家族」と「同僚だった看護婦」(いずれも匿名。これこそ「仮面」？)で、守さんの人格を貶めるようなことを記者に話したようです。

　しかし、こういう根拠のあいまいな記事でも、読者に「恐怖の点滴男」のイメージを強く与えます。メディアによる印象操作の見本です。

◆社説、「天声人語」も警察情報を鵜呑みに論評

【1月12日朝刊・社説】《筋弛緩剤事件／危険は身近にもある》——「事件」は社説でも取り上げられました。それまでの自社報道を前提に《許せない犯罪である》《同僚たちも (中略)「急変の守」というあだ名までつけながら、原因を突きとめようとしなかった》などと守さんや同僚たちを非難し、《異常な事件であるが、ゆがんだ構造は身近にもある。この事件をそうした危

険を見つめ、対策を考えるきっかけにしたい》と結んでいます。

　これを書いた論説委員は、警察の捜査、副院長の言動なども含め、自社の報道に何も疑問を感じなかったのでしょうか。「身近な危険」はむしろ、証拠がないのに警察の憶測だけで犯人扱いし、それを疑問も持たずに垂れ流すメディアにあります。この日の『朝日』は一面コラム「天声人語」でも《何の関係もない人を標的とした恐るべき凶行》と決めつけました。

◆支離滅裂な「副院長の対応」に疑問も持たず

【1月12日朝刊・社会面準トップ】《筋弛緩剤点滴／看護婦詰め所で混入か／警戒さなか少女の事件》——この記事は、「小6女児の事件は看護婦詰め所で混入」との警察情報を流す一方、《クリニック側が、守容疑者の行動に不審を抱き警戒を始めたのは少女が倒れる前だったことも分かった》という新たな情報を伝えました。急変は2年前からあり、8月、9月にも幼稚園児が倒れたり死亡したりするなど「急変が相次いだ」と。

　記事が言う「クリニック側」とはだれか。H副院長しかいません。しかも、記事は冒頭、副院長が女児に点滴するよう「守容疑者に指示した」と書いています。「警戒さなか、警戒対象」に点滴を指示した？　あまりにも支離滅裂だと、これを書いた記者は思わなかったのでしょうか。

◆病院の経営悪化も「犯行動機」に結び付け

【1月12日夕刊・社会面準トップ】《点滴事件の病院／経営悪化、給与トラブル／薬剤師もリストラ》——この記事は、北陵クリニックが毎年赤字を抱え、医療品取引業者への支払いが滞ることもあったほどだった、と書いています。実は、この赤字経営が高齢・重症患者の大量受け入れと相次ぐ転院の原因になったのですが、記事は《一人しかいなかった薬剤師をリストラしていた》として、「筋弛緩剤のずさんな管理」の背景に仕立て、守

第2章　「筋弛緩剤点滴人事件」報道——冤罪を助長した警察情報の垂れ流し　　57

さんが《待遇や病院内の人間関係への不満を漏らしている》として、「犯行動機」に結びつけました。

◆あまりにもお粗末な「無座別大量殺人の動機」
【1月13日朝刊・社会面トップ】《筋弛緩剤点滴／「医師の腕試す」意図／守容疑者供述／地位にも不満／急変約20人、幼児と高齢者／ほぼ半数亡くなる》──記事は、《(守容疑者が) 病院の待遇に対する不満のほかに、「緊急事態を引き起こし、医師の腕を試したかった」と供述していることが十二日わかった》と書きました。

　警察は、「無差別大量殺人の動機」として、この程度のことしか思いつかなかったのです。この時点で守さんはとっくに否認に転じています。

　また、この記事は《容体が急変した患者》の一覧表を掲載し、8人の死者を含む11人の急変患者の年齢、急変・死亡時期などを列記しました。8人の死者のうち7人は高齢者。一覧表は、あたかも守さんがこれらの患者を「急変・死亡」させたかのように印象づけたのです。

◆1月14日以降の主な『朝日』記事見出し
　この後も、『朝日』は全国版一面・社会面で「筋弛緩剤事件」報道を続けました。そのうちの主要な記事の見出しを紹介しておきます。

　【1月14日朝刊・一面4段】《筋弛緩剤を実質管理／守容疑者、自ら在庫補充》

　【1月19日朝刊・社会面1段】《「逮捕4日目以後は黙秘」／守容疑者弁護団》

　【1月24日朝刊・一面4段】《筋弛緩剤混入／守容疑者が全面否認／勾留理由開示法廷》

　【1月27日朝刊・一面3段】《殺人容疑で再逮捕／筋弛緩剤　守容疑者》

【1月27日朝刊・社会面トップ】《医師気取り　心屈折／疑惑の点滴
　筋弛緩剤混入事件　上／夢見た白衣、腕にも自信／低い評価　プライ
　ドに傷》

【1月28日朝刊・第二社会面トップ】《疑惑の点滴　筋弛緩剤混入事件
　中／「大ちゃん慕ってたのに」／不審死リストに夫の名》

⑶　仙台弁護士会が報道を「人権侵害」と認定し、勧告書

　以上、『朝日』全国版の報道を見てきましたが、各紙の宮城県版と地元
紙『河北新報』もこの間、重大な人権侵害報道を行ないました。

　逮捕から２年10か月後の2003年11月、仙台弁護士会人権擁護委員会は、
『朝日』『読売』『毎日』３紙の宮城県版と『河北新報』の報道を「人権侵害」
と認定し、各社に勧告書を出しました。

　勧告書は、各紙報道の問題点として、概略次のように指摘しています。

　『河北新報』——１月７日付朝刊の逮捕記事で、守さんの住所を地番ま
で報道。８日付朝刊では、守さんの学歴、職歴、本籍地、父親の職業まで
詳報した。30日付《検証　筋弛緩剤点滴事件１素顔》の連載記事には、
准看護学校時代の運動会の写真を掲載、その中で、結婚予定や再就職先探
し、自動車購入などのプライバシーに関することを報じた。

　『朝日』——１月21日付宮城県版《疑惑のしずく　筋弛緩剤混入事件
私はこう見る①》の連載記事で、《生命を預かる医療従事者が点滴を凶器
とするといった前代未聞の事件はなぜ起きたのか》と「守＝犯人」を前提
にした前文を掲載。さらに本文では、犯罪心理学者が「守＝犯人」を前提
に、「なぜ犯行を行なったか」の心理分析をした。同じ連載の22日付、23
日付も、元警視庁捜査一課長、犯罪精神医学者らが「守＝犯人」を前提に
「犯意」や「被疑者の心理」をあれこれ推理し、結果的に、「守＝犯人」を
強く印象づけた。

第２章　「筋弛緩剤点滴人事件」報道——冤罪を助長した警察情報の垂れ流し　　59

『毎日』——1月12日付宮城県版《殺意の点滴なぜ　検証・仙台薬物投与事件㊤》の連載で、『河北』と同じ運動会の写真を掲載、《明るく仕事熱心な好青年——。その仮面の下に殺意が潜んでいた》《何が、人命を守ることに誇りをかけたはずの准看護士に殺意を抱かせたのだろうか》と、「殺意の存在」を断定した。14日付の連載㊦では、《不審に思っていた同僚たち、監督責任のある行政。その誰もが守容疑者の「暴走」をとめられなかった》と「守＝犯人」を前提に記述。さらに、《最近は被害者への謝罪らしき言葉も口にしているという》と、すでに否認に転じている守さんが犯行を認めているかのような報道をした。

『読売』——1月8日付《揺らぐ医療倫理／「生死」にゆがんだ好奇心》の記事で、医療ジャーナリスト、犯罪心理学者ら「識者の見方」記事を掲載し、「守＝犯人」を前提に「犯行動機」を分析した。11日付から「仙台圏」版の関連記事に付けられた《殺意の点滴　准看護士事件》という題字は、タイトル自体があからさまな犯人視。12日付社会面記事は《標的、老人から子供に？筋弛緩剤点滴／守容疑者、昨夏から転換／犯行アピール意図か》の見出し、《「いのち」を預かる准看護士が筋弛緩剤を点滴し、小学六年の女児を意識不明の重体にさせた殺人未遂事件》の前文ともに、「守＝犯人」と断定し、強く印象付けた。

「勧告書」は、まとめとして「総じて、本件各記事が各社の新聞に掲載された当時、守大助容疑者があたかも確定的に犯人であり、未曽有の大量殺人事件が守大助容疑者によって敢行されたかのような認識が社会的に成立した状況が見られた」と、各紙報道を厳しく批判しました。

4　捜査・公判・判決への疑問を指摘しない裁判報道

「北陵クリニック事件」が冤罪であることへの理解が広がらない大きな

原因の一つとして、裁判報道の問題があります。

　一審以来の裁判・再審で、弁護団の地道な努力によって、この事件を「筋弛緩剤点滴殺人」とした捜査の誤りが次々と明らかになりました。しかし、捜査段階の犯人視報道で守さんを「有罪」と断定してしまった新聞・テレビにとって、事件は「過去」のものとなったのか。公判の審理内容は宮城県の地元メディアではある程度報じられたものの、事件当時あれほど大きく報じた全国メディアでは、ほとんど報道されなくなりました。

　判決報道も、判決をなぞるだけのおざなりなもので、検察の主張を鵜呑みにした裁判所の判断への批判的な報道もほとんどありませんでした。

(1) 「鑑定資料全量消費」を無視した一審判決と報道（2004年3月）

　2004年3月30日、仙台地裁（畑中英明裁判長）は守さんに、求刑通り無期懲役の有罪判決を言い渡しました。

　裁判で、弁護側は「患者の容体急変は、病気や薬の副作用が原因。検察が主張する筋弛緩剤混入という事件そのものが存在しない」と主張。被告人が犯人であるかどうか以前に、5人の容体急変に「事件性」があるかどうか、が最大の争点となりました。

　判決は、検察の主張通り「事件性」を認めました。その根拠としたのが、大阪府警科捜研の土橋均・技術吏員が行った「患者の血清や尿、点滴ボトルなどの各鑑定資料から筋弛緩剤の成分が検出された」とする鑑定です。

　判決はこの鑑定書に基づき、「容体急変はいずれも筋弛緩剤の投与による故意の犯罪行為」と認定したうえで、「犯人は被告人」と断罪しました。

　弁護側は公判で「資料の採取、保管、分析方法に問題がある」と鑑定に疑問を投げかけました。とりわけ重大なのが「鑑定資料の全量消費」です。鑑定書によると、血清・尿は1㎖から7㎖、点滴輸液は3㎖から53㎖と、鑑定資料は十分にあったのに、「全量消費した」というのです。これにより、

再鑑定を求める被告人の防御権は奪われてしまいました。

　科捜研の土橋吏員は一審法廷で、「鑑定嘱託事項になかった他の薬毒物についても分析し、残った資料は捨てた」と弁明しました。仮にそれが事実としても、証拠捏造の「状況証拠」と言われても仕方がない行為です。国家公安員会の犯罪捜査規範にも違反するこんな言い訳を、いったいだれが信用するでしょうか。ところが、裁判官たちは信用したのです。

　メディアには、裁判をチェックする責務があります。しかし、鑑定資料全量消費に関する判決認定に疑問を呈した報道はただ一つ、30日深夜に放送されたNHKの解説番組「あすを読む」だけでした。番組で若林誠一解説委員は「鑑定資料を保管するルールを作るべきだ。資料が残っていない場合は、証拠として認めないことが必要ではないか」と指摘しました。

　新聞は、《守被告に無期懲役／筋弛緩剤事件／「殺意持ち投与」認定／仙台地裁／「周到・巧妙な手段」／状況証拠積み重ね結論》(30日付夕刊『朝日』一面トップ) や、《３年半…意識戻らぬ娘／筋弛緩剤事件判決／「有罪」母の目に涙／高校入学の春のはずが／守被告、一瞬天仰ぐ》(30日付夕刊『読売』社会面トップ)、《「あの子に謝って」／涙で聞く被害者母》(『毎日』同)などの情緒的「被害者家族」報道に終始しました。

(2)　強引な訴訟指揮を不問にした二審判決報道（2006年３月）

　2006年３月22日、仙台高裁（田中亮一裁判長）は一審無期懲役判決を支持し、控訴を棄却しました。しかし、この判決言い渡しの瞬間、高裁101号法廷の被告人席には守さんの姿はありませんでした。

　2005年６月に始まった控訴審で、弁護側は「科捜研鑑定で検出したという化合物は、出現した分子イオンの測定値から見て、筋弛緩剤マスキュラックスの主成分ベクロニウムではない」とする影浦光義・福岡大学教授の鑑定意見書を提出。それを裏付ける内外の学術論文の証拠調べを請求し

ました。ところが、田中裁判長は第3回公判で被告人質問もせずに「事実調べ終了」を宣言、審理を打ち切ったのです。

弁護側は第4回公判で事実調べを求めましたが、裁判長は証人・証拠調べ、鑑定請求をすべて却下、最終弁論もなしに「判決」日を決めました。

判決当日、弁護団は「最終弁論をさせない法的根拠は？」と裁判長の見解を求めました。弁護団と裁判長の応酬が約30分間続いた後、裁判長は弁護人4人に次々と退廷を命令。「なぜ鑑定の証拠調べをしないんですか。どこで無実を訴えればいいんですか」と訴えた守さんにも退廷を命令。守さんは、「裁判長、絶対やってませんから」と叫び、法廷を出たのです。

翌23日朝刊各紙の社会面の見出しは、次のようなものでした。

《筋弛緩剤事件／守被告2審も無期／仙台高裁判決「証拠能力誤りなし」／被害者の母「罪償って」／被告は「判決でたらめ」》（『朝日』）

《筋弛緩剤事件／守被告2審も無期／仙台高裁控訴棄却「1審、事実誤認ない」／「罪認め償って」被害者の母／被告の母「無実伝えたい」》（『読売』）

《「罪認めてほしい」／筋弛緩剤2審無期／退廷の被告を非難／被害者の母　目頭押さえ切々／弁護側は「事実誤認」》（『毎日』）

《筋弛緩剤判決／守被告「絶対やってない」／被害者の母「娘に当然と伝える」》（『東京』）

各紙そろって、「被害者の母」の言葉を大きく取り上げました。

一方、二審の訴訟指揮を批判したのは、《実質的な審理はほとんどなく四回の公判で結審。裁判長期化への懸念もあるが、一審判決に対する弁護側の疑問を積極的に解明しようとしたとは言い難い訴訟指揮だった》と指摘した『東京』の解説記事だけで、他紙はほとんど問題にしませんでした。

二審で、証拠調べも被告人質問も弁護側弁論も許さないのは、「三審制」を壊す暴挙です。しかし、こんな強権的「迅速裁判」に、メディアの大半

第2章　「筋弛緩剤点滴人事件」報道──冤罪を助長した警察情報の垂れ流し　63

が批判の視点を持たなかったのです。

(3)　最高裁・上告棄却報道（2008年2月）

2008年2月25日、最高裁第三小法廷（藤田宙靖裁判長）は、守さんの上告棄却を決定しました。決定は、「記録を精査しても、被告人が筋弛緩剤マスキュラックスを点滴ルートで投与することにより本件各犯行を行なったとした原判断につき、判決に影響を及ぼすべき法令違反又は重大な事実誤認を発見することはできず」と述べています。

5人の裁判官は、本当に「記録を精査した」のでしょうか。

上告審で、弁護側は科捜研鑑定の誤りを指摘する専門家の意見書を次々提出しました。2月22日付上告趣意補充書に添付された東京薬科大学准教授の意見書は、科捜研鑑定に使われた質量分析装置では分子の特定ができないとし、「本件鑑定書からはベクロニウムのデータは読み取れない」と断言しました。その配達当日・25日の棄却決定です。最高裁は、この意見書も「精査」したのでしょうか。

上告棄却を伝えた2月28日朝刊各紙の扱いは、社会面3〜4段程度。棄却決定に疑問を呈する報道は、どこにも見当たりませんでした。

(4)　再審請求棄却決定報道（2014年3月）

2012年2月10日、守さんと弁護団は仙台地裁に再審請求しました。

弁護団が提出した新証拠のうち、主なものは①「筋弛緩剤の成分が出たという科捜研鑑定は誤り」とする志田保夫・元東京薬科大学教授の実験鑑定意見書②「小6女児の容体急変の原因は、筋弛緩剤ではなく、ミトコンドリア病メラス」とする池田正行・長崎大学教授の意見書③「自白は誘導・強制されたもの」とする浜田寿美男・奈良女子大学名誉教授の意見書。

再審請求の記者会見で、阿部泰雄弁護士は「再現性、追試性が科学の基

本なのに、土橋鑑定にはそれがなく、鑑定データも添付されていない。新証拠は、データを基に行なった実験・分析、医学的・科学的鑑定により、守君の無実を明らかにした。裁判所は、ぜひ科学に基づいて判決を見直してほしい」と訴えました。

再審請求翌日の各紙報道は、『東京』が社会面に《守受刑者が再審請求／新たな鑑定結果を提出》の３段見出しで詳報した以外、10〜20数行・一段見出しのごく小さな雑報扱いでした。

２年後の2014年３月25日、仙台地裁（河村俊哉裁判長）は、守さんの再審請求を棄却する決定を行ない、弁護団は即時抗告しました。

地裁決定は、ミトコンドリア病メラスが原因とする池田意見書を「多くの疑問がある」と理由も示さず退けました。疑問があるなら、なぜ証人尋問して訊かないのか。証拠開示も証人調べもせず新証拠を裏付けのない「心証」で退ける――数多くの冤罪で裁判所が犯してきた誤りを、仙台地裁はまたも繰り返しました。

しかし、そんな〈裁判所の犯罪〉をメディアは報じません。26日夕刊か27日朝刊に掲載された再審請求棄却に関する各紙報道は、社会面１段見出し・十数行のごく小さな記事でした。メディアは、あれほど大騒ぎしたこの報じた事件への関心を、ほとんど失ってしまったのです。

（やまぐち・まさのり）

第2部

無実を明らかにした
再審請求の新証拠

事件性なしを証明

第1章 ‖‖‖

筋弛緩剤は検出していない
確定判決唯一の証拠・警察鑑定はまちがい

志田 保夫
（元）東京薬科大学中央分析センター教授

1　はじめに

　本稿は、被告人守大助氏の弁護人である阿部泰雄弁護士、小関眞弁護士より、大阪府警察本部刑事部科学警察研究所技術員・西川真弓及び土橋均作成の平成13年1月19日付鑑定書（以下「土橋鑑定」という）の鑑定方法と、最高検察庁検察官河村博作成の平成19年8月31日付、最高裁宛「答弁書」に記載された、鑑定に関する見解について意見を求められ、再審請求にあたり、「意見書」として述べたものを、要約紹介するものです。

　結論を先に述べますと、「土橋鑑定」は、とうてい「鑑定」と呼べる代物ではありませんし、検察の「答弁書」は、土橋鑑定の誤りを糊塗するためのもので、矛盾は一層深まっています。
　ここでの議論は、薬物の「質量分析」という、一般の方々には馴染みのないことで、実際、分析化学の基本的事柄について多くの質問と疑問が寄

せられています。

　そこで、この機会に、「質量分析」をイメージとしてだけでもわかっていただくため、後述の３節では、質問に答える形での解説を試みています。

　問題の理解の一助となれば幸いです。

2　筋弛緩剤は検出していない

⑴　「土橋鑑定」とは何か

　有罪の決め手となったのは、大阪府警察本部科学捜査研究所で、ベクロニウム（筋弛緩剤マスキュラックスの主成分）を質量分析した結果、m/z258（第１部第１章では信号Xと表示しています）のイオンが検出されたこととされています。

　確定審で弁護側は、ベクロニウムの分析では、m/z557（１価の分子イオン）か、m/z279（分子イオンにプロトンが付加した２価イオン。第１部第１章では信号Yと表示しています）のイオンが検出される。したがって大阪府警の検出したものは、ベクロニウムではないと主張しました。

　しかし判決は、

　《土橋吏員の公判証言によれば、LC／MS／MS（*質量分析計）による分析においては、分析の過程で電圧、カラムなどの分析条件や使用器具に関し同じ条件で分析すれば、検出されるイオンの種類、発現時間は同一になるが、条件が変われば結果も変わるというのであるから、分析条件に関わらず分子量関連イオンが必ず検出されるといえない。》

　《土橋は、鑑定資料を分析する都度、標品のベクロニウムについても分析をする必要性を強調した上、同一条件で、標品のベクロニウムで検出され

第１章　筋弛緩剤は検出していない──確定判決唯一の証拠・警察鑑定はまちがい　69

たイオンの種類、発現時間と試料のそれとを対照して、同一性の判定をしているのであり、ベクロニウムからm/z258のイオンが出現していることを疑う理由はない……。》

《分子量関連イオン以外に、分子の一部が開裂したイオンが検出されている例も見受けられるのであるから、分子量関連イオンのみが必ず検出されるといえないことは明らかである……。》と認定していました。

⑵　土橋鑑定の定性・定量分析の評価

①　定性分析

　5通の土橋鑑定書には、「ベクロニウムの定性分析を実施した」と記述してあります。

　ベクロニウムの定性分析とは、ベクロニウムのもつ性質を確認することです。その分析は、ベクロニウムの未変化体と加水分解物（変化体）の科学的弁別を当然含んでいるのです。

　定性分析が適切に行われていれば、全く異なる分子である未変化体と加水分解物（変化体）を混同することなどあり得ないことです。

　すなわち、ベクロニウムの分子量は557であり、その分子イオンはm/z557（1価）ないしm/z279（2価）です。

　現在世界で広く使用されている中で最もソフトなイオン化法であるESI測定（エレクトロスプレーイオン化法）でベクロニウムを測定した場合には、必ずm/z557ないしm/z279が検出できます。

　したがって、どのような質量分析装置を使用したとしても、最低条件として、ベクロニウムの標品を分析した際には、m/z557ないしm/z279が検出できることを確認してから、鑑定資料を分析することが不可欠です。

　分析して出てくる数値は、分析方法が正しければ誰が行っても同じ物質なら同じ数値であることは、科学の基本です。だからこそ原子量、分子量

は、世界中どこでも同じ質量なのです。

土橋は、鑑定資料からもベクロニウムを検出したといいます。

しかし、標品の質量分析段階においてベクロニウムイオンを確認していないのに、どうして、鑑定資料中でベクロニウムを「定性」したと言えるのであろうか。絶対言い訳のできない大きな誤りです。

② 定量分析

土橋鑑定では、鑑定資料中のベクロニウムの定量を行ったとされています。ところが、鑑定書には「検量線データ」の記載がありません。

検量線が明記されていない「定量」は、いわば測定単位や方法を明示しない測定であり定量の名に値しないものです。

質量分析装置で行う定量は、全ての場合に合致する秤ないし物差しがないことから、検量線を作成する必要があるのです。

検量線とは、定量を行うためのいわば秤ないし物さしなので、測定に使用した秤ないし物差しを示さないで、結果だけを示しても、その測定が正確かどうか確認することはできません。

本件鑑定書には定量結果の記載があるが、いかなる方法によって定量したかに関するデータすなわち検量線のデータを示していないのです。

客観的な証明手順を提示していない、本件鑑定における定量の数値は、単なる数字の羅列に過ぎないのであり、その数字が鑑定試料を分析した結果であるとの根拠は全くありません。

⑶ 最高検察庁の原審上告審「答弁書」の欺瞞

最高検察庁は確定審上告審の答弁書で、「ＥＳＩのイオン化によっても、分子量関連イオンが主要イオンとして観察されないことは十分に起こりうることであり、本件鑑定において、イオン化のベースピークがm/z258と

なる、すなわちベクロニウムが脱アセチル化体として観察されていたとしても何ら不思議なことではなく、m/z258をプリカーサーイオンとして選択したことに問題はない。」としています。

つまり、答弁書は、ベクロニウムをＥＳＩでイオン化して測定した場合に、フラグメントイオン（開裂）としてm/z258イオンが検出されるとしています。

しかしながら、実際にベクロニウムの測定を行っていない助言者の意見を取り入れたため、測定データから目を背け、強引に間違ったデータを合理化しようとした、実証性のない主張であるのです。

ベクロニウムを質量分析装置で、定性分析を行った複数の論文を確認しでも、ベクロニウムのフラグメントイオンとしてm/z258イオンが検出されたとの報告はありません。

⑷ 実験鑑定の結果

そこで、答弁書の主張の可否を確認するために、ＥＳＩの分析条件を変える方法、そして、ベクロニウムの分子イオンをＣＩＤで強制的に開裂させる方法でベクロニウム標品を分析して、m/z258イオンが生成されるかの実験を行いました。

もともと、ＥＳＩによるイオン化の場合にはイオンの開裂が起こりにくいとされていますが、コーン電圧の変化により化合物を開裂させて、その分子構造を調べる方法があります。

そこで、ベクロニウムを質量分析する際に、コーン電圧を10ボルトから100ボルトまで、10ボルトずつ変化させて、生成されるフラグメントイオンを確認する実験をおこないました。

同実験では様々なフラグメントイオンは検出されるのですがm/z258は検出されませんでした。

よって、「本件鑑定において、イオン化のベースピークがm/z258となる、すなわち、ベクロニウムが脱アセチル化体として観察されていた」との事実は存在しないのであり、同イオンをプリカーサーイオンとして選択した本件鑑定は、ベクロニウムそのものを対象としたものではなく、分析方法としては完全に誤っているということです。

　再度記しますが、ベクロニウムのＥＳＩ測定では、m/z557（1価）かm/z279（2価）で分子量関連イオンが検出され、すべて開裂することはないのです。

⑸　結　論

　筋弛緩剤（ベクロニウム）の質量は557で、分子式は$C_{34}H_{57}N_2O_4$です。

　精密な質量は557.4317です。557だけでは、いくつでもC、H、N、Oの組み合わせができますから、この数字だけでは筋弛緩剤とは言えないのです。

　土橋鑑定は、「定量」を目的とした装置で測定を行っていて、そもそも測定した試料の「分子式」を決定していないのです。

　私の感想ですが、この装置が普及して50年近くなりますが、車の運転と同じで、動く原理を知らないで乗り回している人はたくさんいると思います（理論を知らない人が非常に多いことがわかって来ました）。

　この分析装置も教えられた通りの方法でやってはいますが、この分析に携わった方も同様の轍を踏んでいると思います。

　設置されている装置で分析しただけですが、鑑定の順序を踏めない装置を使っていたことが致命傷でした。

　この測定機関には、精密な測定という言葉はありません。意味が分からないからです。

《鑑定に「もし」はありません》

この言葉がまかり通ったら反論の余地はありませんし、そもそも鑑定の必要もありません。

「もしかしたら薬の一部が水になるかもしれません。ですから尿から水が検出されたら薬を飲んでいたことになります。」となりますか？

測定者は中立であるべきで、偏った見方で測定してはいけません。中立で豊富な測定経験者のある第三者立ち会いで測定して欲しいものです。

正しい鑑定なら1回で結論が出せるはずです。試料を全て使ってしまって1回で出せなかったということが鑑定不審論に繋がってしまいました。

3　機器（質量）分析とは何か

本章をより理解するためには、機器（質量）分析についての知識が有用です。以下ではQ&A形式で解説を加えます。わかっている読者は飛ばしていただいてもかまいません。

Q1　化学物質を分析するとはどのようなことをするのですか？

機器分析装置で、その「化学構造」がわかる。

石や木材のようなものも、根本的に調べていくと化学的な組成などわかりますが、ここでは医薬品や自然の中から取り出した純粋なものに限って化学物質と呼びましょう。全てのものは元素の記号で表されますが、自然界はあまりにも多くの物質で構成されていますから何を具体例として出していいか困惑しますが……。

例えば、食卓の白い結晶が砂糖か塩かはなめてみればわかります。

もっとも直接的な分析方法です。

薬の場合はどうでしょう？　飲んでみればわかる？

病気でもない健康な人が、高血圧の人が飲む薬を飲んだら大変なことになり非常に危険ですね！

今日、薬は「機器分析装置」で化学的性質つまりどんな「化学構造」を持っているのか調べることができますし、さらにその薬がどのような病気のためのものかも文献などからわかります。機器分析で得られるデータを私たちは「物理データ」と呼んでいます。

Q2 「化学構造」って言葉が出てきましたが何ですか？

家を建てるのに建築家は設計図を書きます。そこには、建物全体の図とそれを作るために材料をどれだけ用意したらいいかなどが書かれています。

「化学構造式」が建物の設計図、建築材料が「分子式」に相当します。建築材料だけそろえてもどんな建物になるのかわからないように、分子式だけみてもどんな薬品か化学物質なのかがわかりません。

原子は規則に沿って結合して１つの分子を作りますが、その分子が薬になったり毒になったりいろいろな性質を持ったものになります。

例えば、お酒などに入っているエチルアルコールはCH_3CH_2OHですが、材料だけ書くとC_2H_6Oです。つまり何がどれだけ使われているか示しただけですから、分子式だけではエチルアルコールとは言いません。

Q3 それでは原子と分子について説明してください

説明が前後になってしまいましたが、簡単に原子から先に説明します。

物をどんどん小さくしていくとこれ以上小さくならないものを、昔の人は原子と呼びました。

太陽系では太陽が中心にあって惑星が回りを回っています。原子にもこのように、中心に原子核というものがあって原子核の周りに電子が回っています。この電子が回るのに規則性があります。

第1章 筋弛緩剤は検出していない──確定判決唯一の証拠・警察鑑定はまちがい　　75

例えば太陽系では水星、金星、地球のように各軌道には１つの惑星が回っていますが、電子も軌道を回っています。
　ただし、軌道にはいくつかの電子が入りますが、その数は決まっています。調べた結果そのようになっていたのです。つまり軌道もいくつかありますが、そのモデルを図で表してみました。
　図1は水素原子ですが、**図2**の方には白丸（電子）がありませんね。つまり電子がない方は原子核の＋があって電子の－がないので＋イオンと呼びます。図1が水素原子のモデルで図2が「水素イオン」です。

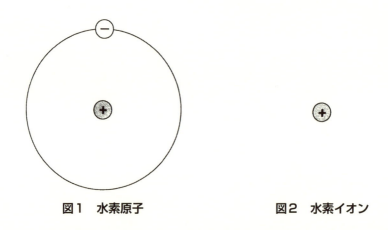

図1　水素原子　　　　　　　　**図2　水素イオン**

　しつこいですが、中心の黒い丸が原子核で円の上の白い丸が電子です。大きさ等は無視して下さい。
　なお、原子核を構成するものは陽子と中性子ですが、通常ペアで存在します。数が増えるたびに原子の名前も変わっていきます。ただし、水素だけは原子核に陽子が一つだけです。
　陽子は＋の性質があり、電子は－の性質があって両方でバランスとっているので原子としては中性になっています。円が書いてありますが、これは電子が回る道、つまり軌道です。

水素には１つの電子しか回っていませんが、そこの軌道にはもう１つ入る余地があります。２つ入るとその原子は安定した原子になります。もちろん電子が２つなら陽子も２つになって原子の名前を変わります。ちなみに２つの場合はヘリウムという名前に代わります。
　安定と書きましたが不安定な原子もあるのか疑問が生じてきますね。不安定な原子もあります。水素は１つしか電子がありませんからこれらの原子は安定になろうとしていろいろな化学変化や化学反応が起こすわけです。
　水素には電子が１つと書きましたのでもう１つ入る操作をしてみましょう。

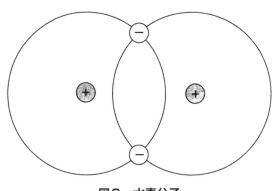

図３　水素分子

　このようになると２つの水素原子は見かけ上２つの電子を共有することで安定します**(図３)**。ですから水素はH₂という分子で存在します（酸素と混ぜて火をつけると爆発しますから決して安定した分子とは言いませんが、水素分子としてはこれで安定なのです）。
　このように、電子を共有することを共有結合と呼びます。Hの２は右下に小さく書いてありますが、これは水素原子が２つですよという意味。
　これから出て来る小さな数字は全てこのような意味を持っています。後

になりましたが、これから出てくる結合のほとんどは共有結合です。

　原子では不安定な状態になってしまいますので、大概の原子は水素のような形で分子として存在する、あるいは他の原子と結合して分子として存在します。

Ｑ４　ここで必要な原子について説明してください

　ここで必要な原子は、炭素、酸素、水素、窒素です。

　以下は同じような説明になりますから、炭素を少し詳しく説明してその他は略します。「質量」については後述します。

　炭素：記号はＣです。原子核には陽子６個と中性子６個が回っていますので質量は12。電子の数は内側に２個入って、その外側には４個が入ります。炭素には同心円で２つの輪があると考えてください。内側の円には既に２つの電子が入っています。外側の輪、つまり軌道には４つの電子が回っています。ここの軌道は８つの電子が入る余地があり、８つそろわないとやはり不安定ですから、自分の仲間の炭素であるとか、水素と電子を共有して安定になります。

　水素の電子１つと炭素の電子１つを共有すると水素の電子は２つ、炭素側から見た電子の数は５つです。このようになりますから水素原子が４つ付くと軌道の上には電子が８個になります。

　ここで化学式を書いてみましょう。

　炭素の外の軌道には４つの電子がありますのでCH_4というものになります。H_4は水素が４つという意味です。これはメタンという化学物質です。メタンガスといえばわかるでしょうか？

　その他に炭素同士も手をつなぐことができます。これはもう少し後に書きます。

　酸素：記号はＯで質量は16、電子は炭素に習って内側に２つ、外には６

78　第２部　無実を明らかにした再審請求の新証拠──事件性なしを証明

つの電子が入ります。

　ですから酸素には水素が2つ付くとH_2Oとなって水になります。よく知っているものですよね。

　窒素：記号はNで質量は14、電子は酸素に習って内側に2つ、外には5つの電子が入ります。ですから水素が3つ付くとNH_3となってアンモニアになります。これも良く知っていますね。

　以上は、「周期律表」としてまとめられています。

　周期律表は膨大な表ですし、判読は難しいので、ここでは割愛します。

　なお、原子には番号がついていて、1番は水素、2番はHe、6番は炭素C、7番は窒素N、8番は酸素Oです。

　原子核には番号に応じて陽子が同じ数はいっています。水素以外は中性子もペアで入っていますので重さ、つまり「質量」は原子番号の2倍になると考えてください。

　しかし、水素だけは陽子しか入っていませんから質量は1です。

Q5　「質量」とは何ですか？

　質量と書きましたが、重さと考えてもいいです。

　質量を理解する例として、次のような風景を想像してみてください。

　つまり池に浮いた2艘のボートです。船同士が近づいて邪魔だからといって相手の船を思いっきり押したら2艘の船は離れて、押された方が遠くへ行ったと思ったら押した方も実は動いているのです。それは乗っている人の体重によって遠ざかり方が違いますが、それほど重さを感じないはずです。

　ここでは重さですが、質量を理解するにはこの例がよく使われます。

　また無重力空間で、互いに押し合ったらやはり軽い人の方が遠くへ行ってしまいます。無重力でも重さを感じる方法で、これが質量によるもので

第1章　筋弛緩剤は検出していない——確定判決唯一の証拠・警察鑑定はまちがい　79

す。

　現実には原子核を構成している陽子と中性子の数の合計です。

　電子の質量は無視できるくらい小さいので考えなくていいです。

　前のページで原子番号と中性子が出てきましたが、陽子と中性子の数が原子の質量になります。分子はこの原子の質量をすべて足し算にすれば出てきます。

　例えば、グルコースの分子式は$C_6H_{12}O_6$ですから、計算すると12 x 6 ＋12＋16 x 6 ＝180となります。つまりグルコースの質量は180ということになります。質量には単位はありません。

Q6　質量は何で量りますか？

　水蒸気とか霧、雲など小さな水滴の重さを量るのは非常に大変です。これらは水の分子が数百万集まっているといわれていますから、1つの分子の重さとか質量を測ることはそんなに簡単にできることではありません。それを可能にしたのが質量分析計という装置です。

　H_2OとかCH_4は、Hが1、Oが16、Cが12なら算数計算でそれぞれ18と16になります。

　ですから質量分析計で水分子を量ると、18のところに大きな信号いわゆるピークが出てきます。CH_4（メタンガス）も同様です。

　このようにいろいろな試料を装置に入れて測定していくとその試料の質量を測定することができるのです。

　ただし、これらを測定するためには分子を「イオン」にしなければなりません。イオンについては後でもう少し詳しく説明します。

　どのような原理で測定するのかを詳しく説明すると、今度は1冊の本を別に用意しなければなりませんので省きますが、必要に応じて書いていきましょう。簡単なスペクトルを示してみますね。

80　　第2部　無実を明らかにした再審請求の新証拠——事件性なしを証明

次の**図4**は空気を測定したものです。H₂O18と書いてあるのは水分子です。横軸に数字が書いてありますが18のところに出てきます。N₂28は窒素です。高さは量に比例していますから空気は酸素より窒素の方が多いことがわかります。O₂32はもう少し小さく出てくるか、28がもう少し大きく出てほぼ4：1になるのですが、装置の中の比率はこんなものだったのでしょう。測定時にはこんなスペクトルになりました。
これからのべる薬もこのようなスペクトルで測定しています。
・質量分析計では試料の質量が測定できることが理解できたでしょうか。
・質量のことを「分子量」とも言います。

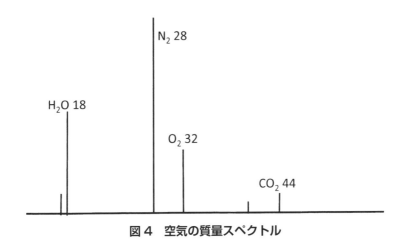

図4　空気の質量スペクトル

Q7　質量を測定する原理をもう少し詳しく説明して下さい

　私たちが生きていくうえで最低必要なものは空気です。空気は酸素と窒素が混ざっているつまり混合物です。空気は酸素より窒素の方がたくさんあることは先ほどのスペクトルで示しました通りです。これらは何もしなくても地球の周りにあります。そしてある時はじっとしています。これで

は重さつまり分子量を測ることはできません。そこで考えられたのがこれらの分子をイオンにすることです。

　イオンにして電気的な性質を持たせることで、動かしたり曲げたりすることが出来るようになりますので、その性質を利用して質量を測定出来るようにしたものが質量分析装置です。体重を計るのは地球の引力を利用していますから秤の上に乗るだけでいいのですが、分子の質量を計るのはイオンにして電気による動きを利用して測定しています。

Q8　イオンについての少し詳しい説明をしてください。

　それではもう一度原子の話に戻りましょう。

　1つの原子を取り上げてみます。中心に原子核があって周りに電子がまわっています。原子核には陽子と中性子という原子の性質と質量を決める物質があります。陽子は電気でいうと正の性質を持っていて原子核の周りを回っている電子は負の性質を持っています。電子の質量は無視できると書きましたが、陽子のほぼ1/1800ですから原子全体の質量にはほとんど影響を与えません。それでも電気的には対等で陽子の＋に対して電子の−が対応しているのです。ですから全体として原子は中性になります。

　電子を1つ強引に取り払ってしまうと陽子の数と電子の数のバランスが崩れます。つまり電子の数が1つ足りませんから原子全体として＋が1つ多くなります。これをイオンと言います。イオンは電気的な性質を帯びていますが、先ほど述べたように軽いイオンと重いイオン、それぞれ質量の大きさによって違いが生じて来ます。

Q9　炭素同士はどのように結合するのでしょうか？

　既に略した書き方をしてきましたから、ここでは簡単に書くとこのようになります。

82　第2部　無実を明らかにした再審請求の新証拠——事件性なしを証明

C-C-Cと炭素を横に３つ書きましたが、このように横にも縦にも伸びることができます。

真ん中の炭素は左右に２本手を出していますので残りは２本しかありませんので、水素と結合するときは上と下に水素が結合します。左右の炭素は一つしか手を出していませんので残り３本ずつです。これらは３つずつの水素と結合できます。出来上がった分子はプロパンという名前の分子ですが、台所で使うプロパンガスです。一目見ればわかりますからこのように書いたものを「構造式」と呼びます。

　炭素が横にどんどん並んでいくとその炭素には２つの水素がついていきますから、構造式を書くのが大変面倒なのとややこしくなりますので、これらを省略した書き方もありますが、その前に分子を作っている材料だけ並べてその数を書いたものを分子式と呼びます。これは構造式ではありませんからこれを見ただけでは何の分子かわかりません。

　先ほどのプロパンは炭素３個でした。水素は両端の炭素にそれぞれ３個ずつ、真ん中に２個ですから全部で８個になります。プロパンの分子式はC_3H_8と書きます。

　ついでに質量を計算してみましょう。単に算数の足し算ですが記号に置き換わっていますのでややこしいですか？

　炭素の質量は12ですから３倍で36、それに水素は８個で水素の質量は１ですから全部で８合計は44になります。つまりプロパンガスの質量は44ということになります。

　何回もこの言葉が出て来ましたが、質量には単位はありませんからgとかｋｇは必要ありません。

　既に何回も出てきましたが、空気は窒素と酸素の混合物で、安定した分子として存在しますので窒素はN_2、酸素はO_2と書いて質量はそれぞれ28と32です。

プロパンと比較してみましょう。プロパンの方が数字は大きいですね。つまり比重と言いますが同じ量だけ取って比較するとプロパンの方が重くなります。プロパンのガス漏れ検知器は下の方に置いてなければ役に立ちません。都市ガスはメタンガスつまりCH_4を使っています。質量は16ですから今度は空気より軽いガスです。ガス漏れ検知器は天井の方に設置する必要があります。

　余談でしたが少し化学に興味を持っていただけたでしょうか。

［付記］

　　質量を数字で書きましたが、まさに質量分析計というのはこの数字を調べる装置です。あるガスを測定したら16という数字がデータとしてでたら、これはメタンだということになるわけです。小さい質量のガスでは数字でわかりますが、だんだん数字が増えてくるとその数字だけでは何のガスかわからなくなりますから、いろいろな方法で特定することになります。これらを質量分析装置で測定するとその質量のところにピークが現れてそれぞれの質量がわかります。

Q10　分子の組成の意味を説明して下さい

　説明の順序が後先になっているかもしれませんが、家を建てるのに設計図を書きますね。その設計図を元に材料をすべてそろえなければなりません。つまり、ある化学物質の化学構造式は家の設計図に例えるとそれを構成している原子の数を順に並べたものが分子組成つまり分子式です（亀の甲の形で表現されますが、あれが構造式です）。

　お酒のアルコールはCH_3CH_2OHと書きますが、エーテルはCH_3OCH_3です。組成だけ書くとどちらもC_2H_6Oですから、組成つまり材料だけ見ても元の形あるいはこれから作る建物がどんなになるかはわからないのと同

84　　第2部　無実を明らかにした再審請求の新証拠——事件性なしを証明

じです。

　医薬品を含めた化学物質のほとんどは、最近の技術では分析が可能になってきました。

Q11　測定するにはどれくらいの試料の量が必要か？
　　また試料はどのように保管するのですか？

　私たちが使う装置は質量分析計と言って、試料として使う量は1mgの1/1000くらいあれば十分ですし、実際に使う量はさらに少量です。

　しかし、測定の時試料が目に見えませんので1mgくらいあれば十分です。食卓塩1粒から2粒くらいと思ってください。ですからこれくらいあれば数百回の測定や実験が可能です。通常は1回測定すれば結果は出ますので、限られた試料を繰り返し測定して大切な試料を使い切ることは絶対ありません。

［付記］

　　警察鑑定で、測定試料を全て使ったから残りはありませんと言っていました。中立の第三者分析機関での再測定をさせないためと思います。実際やったからなくなったのでしょうが、測定するたびに違ったデータが出てきて何回も測定をやり直したと言うことでしょうか？

　　また同じデータが出ているのに何回も測定して確かめると言うことは、測定に自信が持てない素人の測定者だからでしょうか。何れにしてもこのような形で出されたデータには全く信頼性がないことを裏付けていますし、私は分析の専門家として彼らの測定結果を信用していません。

　　警察鑑定人は、本来なら557と出てくるはずの数字が515になって、これが正しいと言い張っていました。

　　一般の方々には、この数字の意味が分からないまま、応援していいやら戸

惑っておられる方も多いと思います。

　この数字の違いは、試料を水溶液に溶かして、分解させてしまった、つまり腐らせてしまった試料を新鮮な試料と思い込んで使っていたためでしょう。ですから本来出てくるはずの557が出て来なかったのです。何はともあれ出発は557でなければなりません。そこから議論が始まるのです。

Q12　質量分析装置の仕組みを説明して下さい

　分析するからには試料を導入する必要があります。そしてイオン化して分析しますが、この分析装置には目的が大きく分けて2つありますので、装置も2種類です。

　1つは「定量」と言って既にわかっている試料がどれだけあるかを測定する装置です。

　もう一つは「定性」を目的とする装置です。定性とは測定する試料が何であるかを調べることを目的としています。この測定が非常に大切で長さを測るのに秤を持ち出して来るか、メジャーを持ってくるかくらいの違いがあります。

　最初の定量を目的とした装置は、既に試料が何なのかわかっていることが前提で、その物質がどれくらい入っているのかを測定します。食品中に農薬がどれくらい入っているかとか、決められた量以上入っているかいないかを検査するとき等に使います。ドーピング等は使った形跡まで探そうとしているようですからさらに精密で高性能の装置が使われていると思います。

《定性を目的とした装置は、ものすごく精密に出来た装置です》

　これまでCの質量は12とか、Oは16と書いて来ましたが、精密に書きますとCの原子量は12.00000と決められていますので、これを基準にする

86　第2部　無実を明らかにした再審請求の新証拠——事件性なしを証明

とOは、15.994914という数字になるのです。

　この組み合わせで試料を測定しますとCHNOの組み合わせが複雑でもその組み合わせを決めることができるのです。

　簡単な例で示しましょう。質量28のガスを測定しましたが何を測定したのかわかりません。なぜなら窒素N_2も一酸化炭素COも28ですから。それでは見分けるにはどうしたらいいのでしょうか？　違いがわかるのです。

　この2つのガスの質量を詳しく計算してみますと、N_2は14.0030x2=28.0060となります。ここでは少数4桁までですが、COは12.0000+15.9949=27.9949となり、わずかな違いが出て来ました。この違いで2つのガスが何であるか見分けることができるのです。

　定量を目的とした装置では見分けることはできません。

　定性を目的とした装置ではこの2つを見分けることができます。

　未知の試料を測定するときは、この精密な装置を使って測定してその試料の分子式がどのようなものであるかを決める必要があります。当然その他の精密な測定で元の分子をも突き止めることが出来ます。

Q13　未知の物質を機器分析するにはどうするか？

　先ほど最後に書きましたが、追記すると組成を知る必要がありますから、まず精密に測定できる装置を使います。小数4桁まで正確に測定する必要がありますが、これがわかればどんな組み合わせ、つまり分子式を特定することができるのです。

　分子も測定方法で大きなパーツに分離することができます。これがわかれば大元も分かりますので、分子の特定ができます。

　医薬品ですと、測定し比較し同じであることを証明できます。

第1章　筋弛緩剤は検出していない──確定判決唯一の証拠・警察鑑定はまちがい　　87

[付記]

最後に筋弛緩剤のスペクトルを載せます**（図5）**。

2本出ていますが、小さい方は557と記載してあります。大きい方は279にあります。

この測定は筋弛緩剤を水に溶かして測定しましたが、筋弛緩剤そのものがイオンになっていますので分子そのものが出てきました。

つまりこれが557です。小数以下4桁まで測定していますが、精密な質量を確認しています。この分子にもう1つH^+が付きますと558になりますね。イオンは2つになりますからこのスペクトルではその半分のところに出てきます。これが279なのです。

これを質量スペクトルと言います。

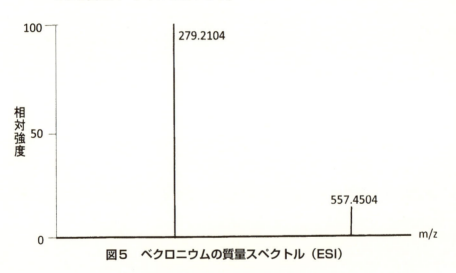

図5　ベクロニウムの質量スペクトル（ESI）

横軸は質量を表す数字で、縦軸はイオンの強度を表しますので、279の方が大きく出やすいことはわかりますね。

（しだ・やすお）

第2章

「筋弛緩剤中毒」という診断は誤り
女児の急変原因は「ミトコンドリア病」

池田　正行

長崎大学大学院医歯薬学総合研究科（創薬科学）教授

［再審請求時］

1　はじめに

　私が阿部泰雄弁護士からの依頼で、2010年に診療録の検証作業を開始してから6年以上が過ぎましたが、これまで誰一人として私の診断に異論を唱える医師は出てきていません。

　北陵クリニック事件の被害者とされている5人の患者の病名も症状経過も、患者を直接担当した医師が書いた診療録に明記されていました。

　私は証拠保全されたこれらの診療録を検証し、各担当医の診断に間違いはないと判断できました。どの患者の病名もベクロニウム中毒（※）とは似ても似つかぬ病気であり、ベクロニウム中毒を疑う症状もなかったのです。それどころか、ベクロニウム中毒では決して説明できない症状ばかりが見られました。

　法廷でベクロニウム中毒を主張したのは、被害者とされた5人の患者さんを一度も診察したことのない、一人の麻酔科医でした。

2004年3月30日に、守氏に無期懲役の判決を出した仙台地裁での第一審で、当時東北大学医学部麻酔科学教授だった橋本保彦氏だけが、ベクロニウム中毒説を主張しました。ベクロニウムで全てが説明できるとしたのは、後にも先にも橋本氏たった一人です。

橋本氏亡き今、検察側に立って証言する医師はもはや誰もいません。ベクロニウム中毒説はもはや診断ではなく、悪質なデマに過ぎないのです。

被害者とされた5人のうち、当時11歳だった小6女児のすべての症状は、第一審で弁護側証人として証言した小川龍氏（当時日本医科大学麻酔科学教授）の診断通り、急性脳症で合理的に説明されていました。

私が総合内科専門医及び神経内科専門医の立場から、診療録を詳細に検討した結果、神経内科疾患であるミトコンドリア病による急性脳症だったことが判明しました。

小6女児が決してベクロニウム中毒ではなく、ミトコンドリア病であることは、広く海外の専門家も認めるところとなり、英文の論文として発表されています。国内はもとより，海外からも一切反論は寄せられていません。

ミトコンドリア病を見逃し、ベクロニウム中毒と誤診した橋本氏の証言の中には数々の誤りがあります。麻酔科医であり、神経内科は全くの専門外であった橋本氏は、ミトコンドリア病でなければ説明できない症状経過や検査結果を全て見落としました。そのため、橋本氏の説明には、ベクロニウムでは説明できない数々の矛盾が生まれたのです。

一方、ミトコンドリア病には、ベクロニウム説が陥ったような矛盾点は皆無であり、小6女児の症状経過と検査所見の全てを合理的に説明できることがわかります。

90　第2部　無実を明らかにした再審請求の新証拠——事件性なしを証明

小6女児は、橋本氏がミトコンドリア病を見逃して、ベクロニウム中毒だと誤った証言をし、その結果、刑事裁判で犯罪の被害者にされてしまいました。

　診断材料が十分に揃っていたにもかかわらず、ミトコンドリア病がなぜ見逃され、ベクロニウム中毒のようなデマが垂れ流され、いまだに流布されているのか、専門家たる我々医師は、その真相を究明し、小6女児と御家族、そして社会に対しても、説明責任を果たしていかねばならないと考えています。

※ 筋弛緩剤（きんしかんざい）

　その名の通り筋肉を緩めて力が出ないようにしてしまう薬。全身麻酔の時には、喉から肺へ入れた管を通して肺に空気を送り込む人工呼吸を行うが、その際、喉の筋肉と呼吸する筋肉の力を失わせて呼吸を止め、人工呼吸器だけで呼吸を調節する必要がある。筋弛緩剤はその時に使われる。北陵クリニック事件で問題とされた（しかし実は何の関係もない）筋弛緩剤の商品名はマスキュラックスであり、ベクロニウムとはその一般名（有効成分名）である。本稿では一般名のベクロニウムを用いる。

2　誤診の原因について

　いわゆる仙台・筋弛緩剤点滴事件の被害者とされた、当時11歳だった小6女児の症状も検査結果も、筋弛緩剤ベクロニウムの作用で合理的に説明できるものは何一つありません。

　小6女児のすべての症状は、第一審で弁護側証人として証言した小川龍氏（当時日本医科大学麻酔科学教授）の診断通り、「急性脳症」こそが、小6女児の症状経過と検査所見の全てを、何ら矛盾なく、合理的に説明でき

るのです。

　小6女児はベクロニウム中毒ではありません。専門外の麻酔科医の橋本氏が、診療記録の症状経過や検査結果を見落として誤った証言をしたことにより、ベクロニウム中毒と断定されたのです。

⑴　ベクロニウムでは説明できない矛盾の数々

　表1（次頁）は北陵クリニックにおける小6女児の症状経過です。この症状経過とベクロニウム中毒との矛盾点について以下に説明します。

①　ベクロニウム中毒では「主訴」を説明できない

　小6女児が北陵クリニックを緊急受診した際の主訴は、腹痛、嘔吐、軟便といった消化器症状でした。

　主訴は病気の最も大切な訴えであり、病気の診断は必ず主訴を原点にして進めるものです。小6女児に対する点滴は、この主訴を治療するために開始されたのですから、点滴を開始する前に生じていた主訴は、絶対にベクロニウムによるものではないことは明白です。

　この点だけでも、ベクロニウム中毒が誤診と断言できます。

　いかに患者を診察しない麻酔科医であるとはいえ、仮にも医師として法廷で証言する者なら、このような診断学の基本は必ず心得ておかねばなりません。橋本氏はそれさえ心得ていなかったことになります。

②　瞬目はベクロニウムでは説明不能、急性脳症なら可能

　受診当日の18：55に、小6女児は「物が二重に見える」と訴えています。複視（二重に見えること）を起こすのはベクロニウムだけはありません。圧倒的に多いのは中枢神経（脳）の障害による中枢性複視です。橋本氏は、ベクロニウムのために眼球（目玉）を動かす筋肉が麻痺し複視（二重に見えること）が起こったと主張していますが、それは誤りです。

92　　第2部　無実を明らかにした再審請求の新証拠──事件性なしを証明

表1　北陵クリニックから仙台市立病院転送までの症状経過

2000年	
10月31日	持久走の練習で朝に校庭を10周　給食後から腹痛　午後4時50分頃から5時20分頃までの間嘔吐3回　軟便。
18：50	採血検査、点滴開始、プリンペラン（制吐剤）投与（ベッド上）
18：55	顔の辺りに手を持ってきて両目を速い間隔でパチパチと瞬きし、「目が変、物が二重に見えるっていうか…」と訴える。
18：57	のど渇いたと首大きく左右に振り始める眼瞼下垂あり。しきりに頭を左右に振り「のど渇いた」呂律回らず構音障害。
18：58	母親の呼び掛けに無反応仰向けから左下横向へ体位を変換、身体上に伸ばした右腕の上下動（2回）。
19：00	点滴交換意識レベル低下（Ⅲ－300）自発呼吸低下し、心拍50台/分けいれん？全身性のピクツキ左＞右。
19：05	酸素5L開始　血圧180/100、橈骨動脈触知良。末梢チアノーゼ冷感有。
19：08	呼吸低下（6～8回/分）　酸素飽和度84％。酸素5L/分にて補助呼吸開始　瞳孔散大対光反射なし。瞳孔不同なし　瞳孔径5.5mm。
19：10	酸素飽和度90－91％痰の吸引。
19：15	一時的心肺停止心マッサージし心拍再開　ラングアルマスク装着仙台市立病院へ収容　体温36.4度脈拍97/分。
19：52	意識Ⅲ－300　血圧130/58　自発呼吸なし　痛み刺激に反応ありか？　両手自動運動あり膝蓋腱反射アキレス　腱反射とも亢進3＋。

　なぜなら、物が二重に見えると訴えながら、瞬目を繰り返して（眼をぱちぱちさせて）いるからです。ベクロニウムは、眼球を動かす筋肉も、瞬きの時に瞼を動かす筋肉も同じく麻痺させるのですから、複視が起こって

いるのに、目をぱちぱちすることなどできないのです。

　一方中枢性複視では、複視を訴えながらも瞬目を繰り返すことは、十分
起こりえます。なぜなら、脳の中では、眼球を動かす筋肉を司る部位と、
瞼を動かす筋肉を司る部位とは離れていて、別々の血管によって支配され、
しばしば別々に障害されるからです。

　それゆえ、小6女児の複視の原因は、ベクロニウムではなく、急性脳症
によるものと結論できるのです。

③　首を振りながらの構音障害もベクロニウムでは説明不能、急性脳症なら可能

　18：57に起こった構音障害（ろれつの回らない喋り方）でも、複視と同
様のことが言えます。

　構音障害を起こすのはベクロニウムだけではありません。圧倒的に多い
のは、中枢神経（脳）の障害による中枢性構音障害です。

　橋本氏は、喉にある声を出すための筋肉がベクロニウムにより麻痺した
ので構音障害が起こったと主張していますが、それは誤りです。

　なぜなら、小6女児の場合には、構音障害と同時に、首を振る、頭を左
右に振るといった、活発な首の筋肉の動きが起こっているからです。ベク
ロニウムは、声を出すための筋肉も、首を動かす筋肉も同じく麻痺させま
すから、構音障害が起こっているのに、首を活発に動かすことなどできな
いのです。

　一方、中枢性構音障害では、構音障害がありながら、首を振る、頭を左
右に振ることは、十分起こりうることです。

　その理由は、これも複視の時と同じように、脳の中では、声を出すため
の喉の筋肉を司る部位と、首や頭を動かす筋肉を司る部位とは離れていて、
別々の血管によって支配され、しばしば別々に障害されるからです。以上
より、構音障害の原因も急性脳症によるものであり、ベクロニウム中毒は
否定されます。

④ 手足の動き、けいれんもベクロニウムでは説明不能、急性脳症なら可能

18：58に急に始まった不随意運動（意図しない手足や体の動き）やけいれんは、急激な脳の障害によって起きます。

ベクロニウムは脳に作用しないので、ベクロニウムではけいれんは起きません。それどころか、ベクロニウムは、その筋弛緩作用を利用して、逆にけいれんを抑えるのに使われるのです。

橋本氏はこの矛盾点を説明するために、ベクロニウムにより呼吸が停止し、血液中の酸素濃度が低下し、そのために起きた低酸素脳症により、けいれんや手足の動きが起きたと説明しています。

しかし、それは橋本氏の頭の中だけでつくり上げられた空想医学物語に過ぎず、何の根拠もありません。ちなみに、アメリカ合衆国の全ての中毒センターが採用しているPOISINDEXという中毒データベースを検索しても、ベクロニウムを含めて、筋弛緩剤中毒で、けいれんや不随意運動を伴う低酸素脳症が起こったという報告は一例もありません。

一方、急性脳症では不随意運動やけいれんは、ごくありふれた症状なのです。

⑤ 徐脈、心停止もベクロニウムでは説明不能、急性脳症なら説明可能

19：00に脈拍が50台と、11歳女児にしては明らかに遅く（徐脈に）なったのも、間もなく心停止になったのも、ベクロニウムの作用と矛盾します。呼吸管理下では、たとえ大量に投与しても、ベクロニウムそのものは脈拍数にも血圧にも直接影響を及ぼさないことがわかっています（Tullock WC, et al. Anesth Analg 1990;70:86-90）。

さらに呼吸管理のない時では、ベクロニウムによる低酸素血症を補うために、心臓が打ち出す血液量を多くしようとして、徐脈とは逆に脈拍は早く（頻脈に）なります。

このように、ベクロニウムでは徐脈から心停止に陥る経過は決して説明

できないのです。

　たとえ致死量のベクロニウムを投与して呼吸が完全に止まっても、心臓は動き続けるのです。

　米国の死刑執行に関する文書では、ベクロニウムを大量に投与して呼吸が止まっても、心臓は動き続けるので、呼吸が止まった後に、わざわざ塩化カリウムを注射して心臓を止めなければならないと定めているほどです（オクラホマ州公式文書 死刑執行法 Oklahoma DOC. Death Row）。

　それゆえ、19：10に酸素飽和度が90-91％であり、呼吸がまだ止まっていなかったのに、19：15に心臓と呼吸が同時に止まることも、ベクロニウムの作用とは決定的に矛盾することになります。

　一方、心臓に合併症を伴う特殊な形の急性脳症であれば、非常に早期の心停止も説明できます。

　小6女児に現れた徐脈と、180/100という高度の高血圧は、急性脳症で説明できることは、すでに10年前、2002年に私が世界でもトップクラスの医学雑誌であるBritish Medical Journal誌上に発表しています（Ikeda M et al. BMJ 2002;325:800）。

　私の論文はすでに海外の標準的な教科書にも採用されており、徐脈と高血圧が急性脳症の診断の有力な手がかりになることは、我が国でも救急に携わる多くの医師が熟知していることです。

　血圧と脈拍はバイタルサインと呼ばれ、救急場面を含め、あらゆる診療場面で極めて重要な基本情報です。

　しかし、橋本氏は小6女児のバイタルサインの重要な変化も見落としてしまった。これも誤診の原因となったのです。

⑥　一連の重要な検査結果の見落とし

　仙台市立病院における小6女児の診療録には、高乳酸血症、左側の難聴、

96　　第2部　無実を明らかにした再審請求の新証拠──事件性なしを証明

肥大型心筋症といった、診断の鍵になる極めて重大な検査結果が記載され
ていました。

　しかし、担当医も橋本氏もこれらの検査結果を全て見落とし、あるいは
検査結果の意義の考察を怠ったのです。これらの検査結果はベクロニウム
の作用では決して説明できないので、もし、これらの検査結果を把握し、
適切に考察していれば、ベクロニウム中毒という誤診は避けられたことは
もちろん、小6女児がどんなタイプの急性脳症かも判明していたはずです。
以上の他にも、橋本氏の説明には数々の矛盾点があります。それをまとめ
たのが**表2**です。

⑵　結　論

　以上のようにベクロニウム中毒の診断は、橋本氏の数々の見落としが生
んだ誤診であり、小6女児の症状は第一審で弁護側証人として証言した小
川龍氏（当時日本医科大学麻酔科学教授）の診断通り、急性脳症こそが、小

表2　ベクロニウム説の矛盾点

症状・検査所見	ベクロニウムだけで説明	急性脳症だけで説明
腹痛と嘔吐	できない	できる
複視と瞬き	できない	できる
構音障害と首の動き	できない	できる
けいれん・手足の動き(不随意運動)	できない	できる
徐脈→心停止	できない	できる
呼吸数低下	できない	できる
対光反射障害	できない	できる
腱反射亢進	できない	できる
咳嗽反射・嘔吐反射の消失	できない	できる
高乳酸血症	できない	できる
難聴（左側）	できない	できる
肥大型心筋症	できない	できる

６女児の症状経過と検査所見の全てを、何ら矛盾なく、合理的に説明でき
るのです。その急性脳症の原因が、第３節で説明するようにミトコンドリ
ア病です。

【参考文献】

1. Ikeda M. Fulminant form of mitochondrial myopathy, encephalopathy, lactic acidosis, and stroke-like episodes: A diagnostic challenge. Journal of Medical Cases 2011;2:87-90.

2. Tullock WC, Diana P, Cook DR, Wilks DH, Brandom BW, Stiller RL, Beach CA: Neuromuscular and cardiovascular effects of high-dose vecuronium. Anesth Analg 1990;70:86-90.

3. オクラホマ州公式文書 死刑執行法 Oklahoma DOC. Death Row. http://www.doc.state.ok.us/offenders/deathrow.htm

4. Ikeda M, Matsunaga T, Irabu N, Yoshida S: Using vital signs to diagnose impaired consciousness: cross sectional observational study. BMJ 2002;325:800.

3　ミトコンドリア病の診断について

　前節では、ベクロニウム中毒の診断は、橋本氏による誤診であり、小６
女児の症状は小川龍氏の診断通り、急性脳症であることを示しました。
急性脳症はあくまで症候名であって、その原因は様々です。

　以下、本節では急性脳症の原因がミトコンドリア病であることを説明し
ます。

⑴　ミトコンドリア病について

　体は無数の細胞からできています。その細胞の中にはミトコンドリアと
いう、顕微鏡でしか見えない微小器官が存在しており、細胞が生きるため
に必要なエネルギーを生み出すマイクロエンジンの役割を果たしています。

ミトコンドリアに異常が起こると、細胞のエネルギーが不足する結果、様々な症状が現われます。なかでも大量のエネルギーを必要とする臓器である脳、心臓、筋肉といった重要な臓器に症状が出やすいのです。

ミトコンドリアの遺伝子の異常が、ミトコンドリア病の原因であることがようやくわかってきたのは、1990年頃です。このため小6女児が筋弛緩剤中毒と誤診された2000年当時は、ミトコンドリア病はまだ広く一般には知られておらず、小6女児同様に病気が見逃され、誤診された患者さんが多かったと思われます。

⑵　小6女児の症状は全てミトコンドリア病で説明可能

以下、当時の小6女児の状態と症状を時系列で並べて、ミトコンドリア病との関連を説明します。

①　脳卒中様発作の誘因としての激しい運動

ミトコンドリア病患者では、脳や心臓といった重要な臓器に重い負担をかけないため、過激な運動や長時間の運動を避けることが必要とされています。

ミトコンドリア病では、細胞のエネルギーの予備能力が低下しているので、普段の日常生活程度の運動では、症状がほとんどなくても、激しい運動により、特にエネルギーをより多く必要とする神経細胞に強い障害が起こり、脳卒中様発作が誘発されることがあります。

小6女児は、当日朝、持久走大会の練習をしていて、校庭のグランドを10周程走ったとのことです。このような激しい運動によって脳がエネルギー不足に陥り、脳卒中様発作を起こした可能性があります。脳卒中様発作は突然のことが大半で、症状の種類・重症度には個人差が大きいのが特徴です。

② 腹痛

　小6女児は当日午後から腹痛を訴えていました。腹痛もミトコンドリア病に多い訴えです。胃腸の筋肉である平滑筋と胃腸の管の表面にある粘膜上皮細胞は、ミトコンドリアが活発に働いている細胞だからです。ミトコンドリア病では、これら胃腸の細胞の障害により、腹痛を起こすと考えられています。　腹痛は点滴前に起こっているので、ベクロニウム中毒では決して説明できないことは上述の通りです。

③ 嘔吐

　小6女児は、診察を受けるまでに3度にわたって嘔吐しています。嘔吐の原因にはいろいろありますが、ミトコンドリア病の場合には、脳が原因で起こる中枢神経性の嘔吐と考えられており、脳卒中様症状に含まれるという考えの人が多いようです。

　いずれにせよ、嘔吐は点滴前に起こっているので、これもベクロニウム中毒では決して説明できないことです。

④ 複視と視野・視力障害

　小6女児の急変症状は、眼の異常の訴えから始まっています。おかあさんによると、「目をしきりにパチパチし『目が変、物が二重に見えるっていうか……』と訴え、まぶしそうにしていた」とのことです。

　さらに、小6女児は「物が二つに見える」と訴えていました。これは前節で説明したように、中枢性複視か、あるいはミトコンドリア病の脳卒中様症状として、しばしば起こる視野・視力障害のいずれかと考えられます。

⑤ 構音障害

　「呂律が回らない、口が利きにくい」という症状もミトコンドリア病の脳卒中様症状の一つです。

⑥ 意識障害

　意識障害はミトコンドリア病の脳卒中様症状として最も頻度が高い。

⑦　けいれん

けいれんは、ミトコンドリア病における脳の異常に基づく症状として非常に頻度の高いものです。

午後7時ころ、小6女児の左の手足にけいれんのような動きがあった。ミトコンドリア病の発作ではよく半身けいれんが見られます。また、仙台市立病院に運ばれた後に、数時間に及んだ全身のけいれん（肩をひねりながら曲げていた腕を伸ばし、体をふるわせる）があったのです。けいれんの際には筋肉が異常に強く収縮しますから、ベクロニウムの中毒ではけいれんはありえません。けいれんの存在だけでも、ベクロニウム中毒は否定できるのです。

⑧　呼吸の低下

19：08に、小6女児の呼吸回数は極端に少なくなります（6〜8回/分）。ミトコンドリア病では、脳の呼吸中枢とりわけ血液の中の二酸化炭素濃度を制御する延髄や橋といった脳の部分に障害が生じ、呼吸が異常となると考えられています。

⑨　心拍数の減少と心停止

心筋（心臓の筋肉）は、脳、手足の筋肉とともに多くのエネルギーを必要とするので、ミトコンドリア病では心臓に障害が出やすいのです。午後7時ころの心拍数50台への低下、7時15分ころに確認された心停止状態は、ミトコンドリア病の不整脈や心伝導障害（心臓のリズムの乱れ）で説明できます。

ミトコンドリア病患者さんの心臓の異常では、肥大型心筋症が多いのですが、心伝導障害を認めることもあります。ミトコンドリア病による心伝導障害は、急に進行して重症の不整脈である完全房室ブロックとなり、突然死の原因となりうるという点で重要です。

一方、ベクロニウムで呼吸が弱くなり、血液中の酸素の濃度が低くなる

と、血流を増やすことによって酸素不足を補おうとして、脈が速くなります。ゆえに、小6女児の心拍数の減少もベクロニウムの作用とは矛盾します。

⑩　肥大型心筋症

2000年12月18日の仙台市立病院の診療録には、「心エコーの心機能の評価で心筋は有意に厚い、現段階では肥大型心筋症様と考えていいと思う」と記され、同12月22日欄には「心室壁の肥大あり、以前から存在した可能性もある」と記されています。

この事実は、ミトコンドリア病の肥大型心筋症で説明できますが、ベクロニウム中毒では決して説明できない症状です。

⑪　高乳酸血症

小6女児の血清乳酸値は繰り返し27mg/dℓを超えており、41mg/dℓや60mg/dℓといった非常に高い値も示しています。

正常値の上限は16mg/dℓで、正常値の1.5倍、つまり24mg/dℓを超えるとミトコンドリア病の診断基準に当てはまります。ましてや正常上限の2倍となる32mg/dℓを超えることは、通常人の運動直後でもみられない高い数値です。このような高い乳酸値はベクロニウム中毒では決して説明できないことです。

なお、仙台市立病院の診療録には、高乳酸血症に関する記載も考察も一切ありません。この見落としも、ミトコンドリア病を見落とす原因の一つになったのです。

⑫　難聴

入院中の2000年11月7日に行われた聴性脳幹反応検査（音に対する脳の反応を見る）で、左耳の難聴が判明しています。難聴もミトコンドリア病でしばしば見られる症状です。

⑶ 結 論

　ベクロニウムでは決して説明できない症状経過や検査所見の数々も、ミトコンドリア病なら説明可能です。

　繰り返し起こっていた高乳酸血症を全て見逃したこと、難聴、肥大型心筋症といった大切な手がかりをもミトコンドリア病の診断に結びつけられなかったことは、悔やんでも悔やみきれない悲劇です。

【参考文献】
1．ミトコンドリア病 月刊　臨床神経科学　Clinical Neuroscience 2006 vol.24 No.6　2006年6月1日発行　株式会社　中外医学社
2．ミトコンドリアとミトコンドリア病 日本臨牀　増刊号　2002年4月28日発行　日本臨牀社
3．ミトコンドリア病パンフレット。厚生労働科学研究費 小児疾患臨床研究事業 小児期発症のミトコンドリア脳筋症に対するL－アルギニンおよびジクロロ酢酸療法の効果判定と分子病態を踏まえた新しい治療法開発に関する臨床研究（H14－小児－006）（主任研究者 久留米大学医学部小児科 古賀靖敏）

4　おわりに

　ミトコンドリア病は国が指定した難病です。適切な治療を受けるにはその認定を受けなければならないのです。

　しかし小6女児は、検察官が誤診を認めないために認定も治療も受けられず、15年以上にわたって放置されたままです。

　これは人権蹂躙以外の何物でもありません。

　さらに不整脈による突然死の危険も知らされていません。

　このような注意義務違反を犯すのが医師であれば、それこそ検察はその医師を故意に患者に危害を加えた罪で断罪するでしょう。

　一方、それが検察官の行為であれば、何のお咎めも受けない。これが日

本の裁判の現状であるということでしょうか。

（いけだ・まさゆき）

第3章

「守自白」は、虚偽
むしろ無実を証明している

浜田 寿美男
立命館大学特別招聘教授

1 はじめに

　守大助氏は捜査段階で一時、本件の一部を自白していました。

　2001年1月6日の朝、任意同行を求められた守氏は、警察署内で事情聴取を受け、その日のうちに自白し、小6女児ほかへの犯行を認める「反省文」を書きました。これによって守氏は逮捕され、翌日に警察と検察でそれぞれ自白調書を各1通録取されています。

　ただし、その自白内容は極めて漠然としたものであり、1月9日の弁護人接見後、自白を撤回。その後は一貫して否認しています。

　問題は当初の3日間の自白をどのように考えるか、です。

　この自白関連の供述を証拠として認めてよいかどうかが、任意性の問題として裁判で争われました。法廷で守氏は自白に至る事情を詳細に説明しましたが、仙台地方裁判所は「自白は任意性がある」「自白の内容につい

ても信用性」があるとし、その証明力も認めました。

　問題にしなければならないのは、自白の聴取過程で取調官と守氏との間に具体的にどのようなやりとりがあったのか、その段階ですでに取調官の強引なストーリー構成、すなわちその時点の捜査側の事件仮説＝事実認定が介入していなかったかどうか、です。

　弁護側は起訴5件について、「守氏はもとより、何者かが筋弛緩剤を患者に投与した事実自体が存在しない」「問題とされた患者の容体の変化は全て他の原因、つまり病状の変化、薬剤の副作用、救急措置をとることのできる医師の不在など、医療絡みの出来事として説明できる」と主張しました。すなわち、本件には事件性自体が存在しないのだ、と。

　私は、2005年に日本評論社から発行された『刑事司法と心理学』（村井敏邦編）に「事実認定は心理学的過程である（仙台北陵クリニック事件地裁判決を例に）」という論文を寄稿していました。

　これを知った守大助氏の弁護人である阿部泰雄弁護士、小関眞弁護士より、仙台北陵クリニック事件の地裁判決（確定判決）において判示されている「被告人の捜査段階の供述および公判の供述に対する評価」について、供述心理学から検討した見解を求められました。

　以下の一文は、仙台地裁への再審請求に際し、「意見書」として作製したものを、一般の方にもわかりやすく要点を絞って解説したものです。

2　「被告人の法廷供述には信用性がない」とした基準

　守氏は捜査段階の自白について、法廷で詳細にわたり、その心理状況を供述しました。仙台地裁判決はこの供述の概要をまとめたうえで、次のように信用性を否定しました。

《被告人は法廷で「自白調書は、捜査官から確認されたことに対して、はいはいと言っていたのが調書に取られたにすぎず、自らが記載した反省文なども、捜査官から指示されるとおりに記載されたにすぎず、いずれも捜査官の一方的な誘導や決めつけにより作成されたもの」と供述するが、その供述内容に矛盾した事実がある》

また、《刑事から、記憶と異なる点や記憶にない点の確認を求められた際、明確にこれを否定するなどして、必ずしも刑事から言われたとおりに供述していない点が存在する》と指摘。その具体例として、Ｓ子（殺人事件で起訴）の急変への関与を明確に否定した例を取り上げ、《捜査官の言いなりになるような取調状況ではなかった》と認定しました。

要するに、「被告人は、実際には捜査官の言うことを否定したり、反論しているではないか」というものです。

(1) 虚偽自白に追い込まれる時の心理とは

しかし、虚偽の自白に追い込まれるとき、人がどのような心理状況になるかを知っていれば、「被告人の供述内容に矛盾がある」とは決して言えないのです。

虚偽自白に陥った者は、たしかに捜査官に屈服して自白します。しかし、心理的に屈服させられても、その主体性が完全に失われてしまうわけではありません。

捜査官は被疑者に対して、まさに犯行者として自分から主体的に自白することを求めます。そして、自白に追い込まれた被疑者は「自分が犯人だったとすると、どのように犯行が行われたことになるだろうか」と考えて供述することになります。

したがって、その自白の中に被疑者なりの想像や判断を混じえながら考えて供述することになるのです。

そうすると、結果として捜査官の想定と食い違って両者が対立して見えるような場面も多々出てきます。虚偽自白とはそういうものなのです。

他方、取調べで屈服させた捜査官の側も、相手が事件のことは何も知らない無実の者とわかって自白させるのなら全てを作り上げて、その内容をそのまま呑ませることにもなるでしょう。しかし、実際はそのような虚偽自白はほとんどありません。

(2)　刑事の前で犯人の役割を演じさせられる被疑者

捜査官は被疑者を犯人と確信して取調べ、現に目の前で落ちれば、いよいよ罪を認めた真犯人と思い込む。だからこそ被疑者の口から犯行内容を語らせようとする。そのため、自白後の供述展開過程で、捜査官の想定と異なることを言うこともあるのです。

被疑者の言うことが、捜査官の把握している証拠関係と決定的に矛盾していれば、捜査官はこれを認めるわけにはいきませんが、その点が捜査官にとって不確かであれば、被疑者の言い分を受け入れることもあります。そのようなせめぎ合いのなかで自白内容は展開します。

虚偽自白は、被疑者が捜査官の全くの言いなりになってできるようなものではありません。

虚偽自白に追い込まれた者は、捜査官の前で「犯人としての役割を演じさせられる」のであり、その後は「犯人として語る」ことを求められるのです。「自分がもし捜査官の言うような犯罪についての犯人ならば」と、自ら想像して考える。これが虚偽自白の実像です。

(3)　虚偽自白の実態に無知な裁判官

この実像を知らない裁判官は、捜査官に逆らった自白内容を固持したり、追及されないことを自ら自白したりする部分があると、それを自白の信用

108　第2部　無実を明らかにした再審請求の新証拠——事件性なしを証明

性の証のように考えてしまうのです。

捜査段階で自白した守氏が、後の法廷で（自白については）「確認を求められ、はいはいと言っていたのが調書に取られた」、（反省文については）「捜査官の指示されるとおりに書いた、捜査官の一方的な誘導や決めつけにより記載した」と言ったりするのは、不本意にも虚偽自白させられた「被害者意識」からすれば自然なことです。

現実に自白に追い込まれた以上、「犯人として」語るほかになく、そこに自分の側からの判断や想像が入らざるを得ません。

しかしそれが「自分が犯人としてやった」という、押し付けられた虚偽の前提に立ってのものである限り、ある意味で主体的になしたその判断や想像もまた、自白撤回の弁明の中では「させられた」体験として想起されるのです。

虚偽自白の実際を知っていれば、こうした被疑者・被告人の心情の機微を理解するのは困難ではありません。これを被告人の弁明の矛盾としか見ない裁判官は、実のところ虚偽自白の実態について無知であるというほかありません。

3 「被告人の法廷供述が不自然、不合理」とする認定

判決は、《被告人の法廷供述には明らかに不自然、不合理な点がある》といいます。しかしそれは、判決を書いた裁判官にとって「不自然、不合理」に見えるということにすぎません。

判決が「不自然、不合理」というとき、それは「被告人が無実ならば、その法廷証言として信じられない」ことなのです。

そこでもう一歩踏み込んで、「被告人が真犯人ならば、それは自然で、合理的なものとして信じられるというのか」を検討しましょう。

第3章 「守自白」は、虚偽——むしろ無実を証明している　109

もし、守氏が真犯人ならば、彼は法廷で嘘をついて否認し、その嘘の否認を前提として、「自分がなぜ捜査段階で自白することになったのか」を弁明するために、法廷供述をしたことになります。つまり、そうして真犯人が「冤罪者を演じた」ことになるわけです。

　そのように考えたとき、判決のいう供述内容の不自然さ、不合理は納得できるものになるのか。判決が指摘した２点を取り上げてみます。

⑴ 「取調べで自分への疑いを感じることなく、疑いに気付いた後も驚くことはなかった」との供述について

　判決は《刑事から「お前がやった」などと散々言われていたにもかかわらず、「自分に疑いがかけられていると感じなかった、警察が自分の勤務する病院において患者に筋弛緩剤が投与されたとして捜査していることに気付いたときも特に驚きや衝撃はなかった」という当時の心境に関する被告人の供述は、あまりに不自然、不合理である》といいます。

　このことは一見、不自然、不合理に見えます。では視点を変えて、もし被告人が真犯人だとすれば、どうか。そのとき、被告人は法廷で嘘をついて否認したうえで、取調べを受けたときのことを聞かれ「自分に疑いがかけられていると感じなかった」とか、「警察が自分の勤務する病院で患者に筋弛緩剤が投与されたとして捜査していることに気付いたときも特に驚きや衝撃はなかった」と言ったことになります。

　被告人が真犯人であれば、これを「不自然でない、不合理でない」と言えるでしょうか。犯行を否認している真犯人ならば、むしろ「驚いた、そんなことはないと思った」とか「自分に疑いをかけられていると知って、とんでもないと思った」とか弁明するほうが、ずっと自然であろうし、合理的だろうと思います。

　この被告人の供述は、むしろ彼が本件と無関係であると考えなければ理

110　第２部　無実を明らかにした再審請求の新証拠——事件性なしを証明

解できないものです。

　無実の人間が身に覚えのない事件に巻き込まれて犯人と間違われたとき
に抱く心理の最も大きなものは「非現実感」です。

　なにしろ本人は自分がやっていない。そのことを本人ははっきり知って
いる。その自分が疑われて、厳しい取調べを受けたとき、自分のなかでは
「ありえない！」という非現実感がまず前面に出ます。

　被告人が「何言ってんだという気持ちであった」とか、「自らが犯罪者
として疑われているという気持ちはなかった」というのは、まさにその気
持ちの表れであって、この法廷供述は、被告人を無実者として見たときに
はじめて自然な反応として納得できるのです。

　まして本件の場合、そもそも殺人事件かどうかが不明でした。はっきり
した殺人事件でも、無実の被疑者は「非現実感」に襲われます。

　本件のように事件性そのものが不明で、しかも自らの日常の業務そのも
のが事件として疑われたとなれば、犯人性への「非現実感」のみならず、
事件性そのものについても「非現実感」にさらされることになる。それが
被告人のような供述として表明されたとして、それは決して不自然とは言
えないのです。

　本件の事件性を前提にしてしまうと、そのような恐ろしいことを聞かさ
れても驚かなかったというのは、信じがたいほど「不自然、不合理」に見
えます。裁判官にとってこの供述が「不自然、不合理」に見えたのは、ま
さにそのためだったのです。

⑵　「間違ってマスキュラックスを投与したのかなと考えた」との供述
　　と、「間違えて投与した可能性は全くないと考えていた」との供述
　　について

　判決は《被告人は小6女児に対してマスキュラックスを投与したことを

第3章　「守自白」は、虚偽──むしろ無実を証明している　111

認める供述をした際の心境について、ある質問に対しては、間違ってマスキュラックスを投与したのかなと考えていたと供述する一方において、ある質問に対しては、マスキュラックスを間違えて投与した可能性はまったくないと考えていたとも供述しているのであって、このような矛盾が存することと自体、被告人の供述が合理性に欠けることを示している》といいます。

　この点を、被告人の供述が合理性に欠ける一例と認めたとしましょう。では被告人が真犯人ならば、このように不合理な供述が出てくることが理解できるでしょうか。

　真犯人が本当にマスキュラックスを投与して事件を起こしたのであれば、それをいったん自白し、それから撤回した後の法廷では、「マスキュラックスなど投与していない」「間違って投与することもありえない」と否認するのが当然です。

　また「間違って投与したのではないか」と言われて、そのことを認めた供述が残っていれば、「いったんはそうも言ったけれども、けっしてそんなことはない」というかたちで、供述を一貫させるはずです。

　嘘で否認しているならば、その嘘こそ意識的に一貫させなければならない。それがむしろ嘘の心理です。

　その意味で被告人の上の弁明は、まさに真犯人のものとして考えたときにこそ、不自然、不合理なのです。

　逆に、被告人が無実とすれば、マスキュラックスの投与を追及され、「そんなことはありえない」と答えるのは当然です。その一方、否認を受け付けてくれない捜査官から自信たっぷり、執拗に、「小6女児の容体はマスキュラックスか何かの投与で急変したのだ」と繰り返されたならば、准看護師として小6女児の容体の急変に立ち会った被告人が「ひょっとして間違って何かをしてしまったのではないか」と不安を覚えるのも自然なこと

112　第2部　無実を明らかにした再審請求の新証拠——事件性なしを証明

なのです。

　そのような供述の揺れは、事件性を認知していない無実の当事者にとって十分にありうることで、それはかえって供述の信用性を高めるものと考えるべきです。

4　被告人が自白に追い込まれた理由

　判決は《被告人が自白に追い込まれた理由として述べた法廷供述もまた信用できない》といいます。そのうち二つの論点を検討します。

⑴　「重大残酷な事件への関与を初日から認めた」について──裁判官の「逆行性の錯誤」

　判決は《被告人が小6女児にマスキュラックスを投与したと認める供述をした理由として、「刑事からずっと怒鳴られてばかりいたため、警察官が言うようなことを言えば帰してもらえるかなと思った」とか、「さんざんお前がやったんだと言われ続けたために、じゃあ間違ったのかなというような気持ちになった」などと供述しているが、いずれも信用できない》といいます。

　《医療従事者である被告人が、捜査官が言い分を聞いてくれないという理由だけで、自己が勤務する病院においてその患者に対してマスキュラックスという薬物を投与するという極めて重大かつ残酷であり、通常全く予想することができない犯罪への関与を、しかも取調べの初日から、認めるに至るとは到底考えられない》というのです

　ここでも判決は、もし被告人が無実であるにもかかわらず、そこに巻き込まれたとすれば、どのような心理状態になるのかについて、十分な想像力を働かせていません。それは、裁判官が、虚偽自白がどのようなものか

第3章　「守自白」は、虚偽──むしろ無実を証明している　113

について正確な認識を有していないからです

　ここで再度強調しておきたいのは、本件の特殊性として、事件性そのものがあいまいであった点です。

　本件が判決の認めるような事件だったとしても、被告人が無実ならば、その事件性そのものを認識することが困難だったはずです。

　判決は《患者に対してマスキュラックスという薬物を投与するという極めて重大かつ残酷であり、通常全く予想することができない犯罪》と認定していますが、それは事件後に与えられた諸証拠から、事後的にそう結論づけた話です。

　判決が《このような犯罪への関与を、しかも取調べ初日から、認めるに至るとは到底考えがたい》というとき、この判示は、その事件認識を被告人が捜査段階で持っていたことを前提にしているのです。

　しかし、その前提が、実は本件で検討されるべき対象なのです。そこには事件の事後的構成にしばしばつきまとう「逆行性の錯誤」が認められます。この逆行性の錯誤は、本件の第二審である仙台高等裁判所の控訴棄却判決にも見られます。

　第二審判決は《1月6日朝、任意同行を求められ、当初否認していたものの、任意の取調べの午後の早い段階で医療関係者による患者に対するマスキュラックスという筋弛緩剤投与により、被害者に意識が回復しない重大な結果を生じさせた殺人未遂というセンセーショナルな重大事件について、被告人が短時間で自白に至っている》と判示しています。

　「センセーショナルな重大事件」との指摘は、逮捕翌日から開始された大々的な逮捕報道、連日の続報に接した者にとっての認識に過ぎません。取調べを受けている被告人の主観的認識において、センセーショナルな重大事件と断じることのできる理由は全くないのです。この判示自体、逆行

性の錯誤に陥っていることを露呈しています。

　被告人が無実で、事件性を疑う手がかりを持ちえなかったとすれば、本件のようなかたちで犯人性を疑われたとき、どのような心理状態におかれることになるでしょうか。日常の医療業務の中で、患者が急変する事態が起こり、その原因をあれこれ考えることはあった。しかし、事件性があるとは想像だにしなかった。そこへ突然、警察署に連れていかれ、取調室で「誰かがマスキュラックスを投与して意図的に起こした事件だ」と言われ、しかもその犯人はお前だと追及される。そのとき、被告人が無実ならば患者の容体急変の前後の事情を実際に知っているだけに、その事件性を現実のものとして納得することは難しい。おまけに自分が犯人だと疑われているとなれば、その非現実感はさらに大きくなる——。

　殺人なら殺人で、はっきり事件だとわかっているものに巻き込まれたのならば、無実ゆえの非現実感はあっても、自分は関係していないことを自分のなかで確認できるために、まだしも自分を守りやすい。しかし、その事件性があいまいで、自分の日常の業務とはっきり分離できないときには、相手の取調官が自信をもっているように見えるほど、自分が「間違ったのかもしれない」可能性を考えてしまう。それだけに自分を守り難くなるのです。
　そうして捜査官が自信たっぷり、断固たる確信をもって自分に迫り、こちらがいくら弁明を繰り返しても、聞く耳をもってもらえず、反論を何度も跳ね返されたとすれば、どのような心境になるでしょうか。
　いくら弁明しても聞き入れてもらえない「弁明不能感」が虚偽自白の大きな要因であることは、一般にあまり知られていません。しかし実は、これだけでも無実のものが自白に落ちる可能性は小さくないのです。

第3章　「守自白」は、虚偽——むしろ無実を証明している　115

⑵ 「婚約者の逮捕を心配しつつ自らの逮捕を考えなかった」という供述について——裁判官の無知

　判決は、《被告人は「隣でK看護婦（被告人の婚約者）も同じように取調べを受けていると考え、捜査官からK看護婦を逮捕していいんだなと言われた」と供述しているが信用できない》《被告人は、「K看護婦が逮捕されるかもしれないと考えた」と供述する一方、「自らが逮捕されるとは考えなかった」などと明らかに不合理な供述をしている》といいます。

　この点については、被告人が真犯人であってもやはり不合理であり、他方、被告人が無実であれば、むしろその一見の不合理は、合理的なものとして理解することができます。

　被告人は捜査官から本件の事件性を強調され、犯人追及がなされている。無実ならば事件であることは承服しがたいが、逆にその可能性があることまでは否定できないし、ひょっとしたらと思わされもする。

　その中で自分が何か間違って患者の急変をもたらしたかもしれないと思いつつ、しかし自分が意図的にやっていないことは間違いない。その一方で、婚約者のK看護婦が同じように調べられていると聞かされる。

　自分は「やっていない」とわかっていても、他人は、どれほど信頼している恋人でも原理的にはわかりえない。それゆえ「やっている」可能性を否定しきれないし、それだけに不安になる。

　自分は「やっていない」以上、逮捕されるとは考えられない。だが、K看護婦の方は突き詰めれば「わからない」ので、逮捕されるかもしれないという不安を究極のところで拭いきれない——。

　そう考えれば、「K看護婦が逮捕されるかもしれないと考えたが、自らが逮捕されるとは考えなかった」という供述は、なんの不合理もなく理解できるのです。

　反対に、もし被告人が真犯人なら、「自分が逮捕される」ことをまず考

えざるをえないし、K看護婦については、犯人ではないことを知っていることになって「逮捕されるかもしれない」という不安はそれだけ小さいはずです。

この部分の供述は、被告人が真犯人ならば不合理と言わなければならないのですが、無実ならば、むしろ合理的なのです。

被告人の立場に身をおいて、その視点から状況を考えれば、ここで判決のいう「不合理」の意味がはっきりと読み解けます。にもかかわらず、判決は被告人の視点に立つことなく、その供述をただ高みから見下ろして、形式的に「不合理」と決めつけているだけなのです。

5 おわりに

以上見てきたように、北陵クリニック事件において守氏が自白に落ちた状況、それについて自ら語った供述内容は、どの論点においても虚偽自白者の心理として十分に理解できるものです。

その一方、一審判決の認定は、被疑者・被告人の虚偽自白がどのような心理的体験であるのかについて、まったく「無知」であることを露呈していて、正確な事実認定を行うための前提条件を欠いていたと言わなければなりません。

刑事事件における自白に関して、被告・弁護側から「虚偽自白」の訴えがあったとき、裁判官がその任意性、信用性を判断するにあたって、当然のことながら「虚偽自白の心理」について、少なくともその一般理論を十分に知っておかなければならないのです。

しかし、日本の刑事裁判においては、これまで虚偽自白による冤罪事件が大量に発生していながら、「虚偽自白の心理」にかかわる一般理論を理解することなく、きわめて素朴なところで、その心理が想定され、それによって任意性・信用性が判断されてきました。

　つまりそれは、被疑者が拷問や暴行などの強力な圧力に直接的にさらされて取調官に完全に屈服し、取調官の言いなり状態で自白するというイメージでしかないのです。

　虚偽自白にかかわるこの素朴なイメージは、現実の虚偽自白とはしばしばかけ離れ、それゆえに、本件判決のように、間違った判断をもたらしてしまうのです。

（はまだ・すみお）

第**3**部

守大助さんの無実の訴えと
支援の呼びかけ

私は無実です
公平な裁判を求めて、頑張っています

守　大助

無実の者の訴えを聞こうとしない裁判官

　2014年3月25日、仙台地裁・河村俊哉裁判長は、「証拠開示・証人尋問」を認めずに、「推認」で事実を認定して、私の再審請求を棄却しました。
　その2日後の3月27日、静岡地裁で「袴田事件」の再審開始・拘置の執行停止が言い渡され、袴田巌さんは釈放されました。
　2015年10月23日、大阪高裁は「東住吉事件」で、大阪地裁に続いて再審開始を決定し、無実を訴えていた青木恵子さんら2人は釈放されました。
　そして、2016年6月30日、熊本地裁は「松橋事件」で再審開始を決定しました。
　袴田事件では、裁判所は「正義に基づいて」素晴らしい判断をしております。検察の「捏造」に対し、真実を見抜いた判断をしております。

　再審開始が言い渡された3事件は、これまで再審で無罪が確定した「足

利事件」「布川事件」「東電ＯＬ事件」と同じように、検察によって多くの無実証拠が隠され続けていました。

　これについて、各事件を担当された裁判官は、積極的に多くの証拠を開示させたり、裁判所から実験を求めたりして、再審開始・釈放の決定をされています。

　しかし、無実を証明するのに、なぜ20年、30年、50年という時間がかかったのでしょう。これまで長い間、裁判所が検察の主張ばかり重視し、無実の者の訴えを聞こうとしなかったことが原因なのではないでしょうか。

今度こそ公正・公平、一般常識で判断してください

　私の事件は、すでに15年ですが、確定審・控訴審・上告審そして再審請求審、一度も証拠開示命令が出ていません。検察は鑑定について都合の良いデータしか提出していません。

　たとえば、検察が主張する「犯行で犯人が使用した薬品の空アンプル」から指紋が検出されたというのに、弁護側から「だれの指紋か明らかにせよ」と求められても、検察は「必要なし」と言うのです。

　そして、仙台地裁も検察と同様に、「必要なし」でした。その指紋がだれのものなのか、未だに明らかにされていません。それを明らかにできないのは、弁護側（私）の主張と検察の主張のどちらが正しいか、はっきりしているではないでしょうか。

　指紋検出の証拠を明らかにできないのは、私以外に医師や看護師らの指紋が検出されているからでしょう。それなのに、確定審はこれを「犯行で

私は無実です　　121

使用された筋弛緩剤のアンプル」と認定したのです。

再審請求でも仙台地裁は「証拠開示」を認めないのですから、裁判所はやはり検察の主張しか聞かないのだと思ってしまいました。

ほんとうに、裁判官によって差があります。袴田事件、東住吉事件、松橋事件の再審と比べると、あまりにも裁判官によって差がありすぎます。

私はやっていない。無実だから、刑が確定して刑務所へ入れられても再審請求をして無実を証明しようと訴えて闘っているのです。それなのに、裁判官によって差があるのはおかしいです。

再審請求の手続に証拠開示についての条文がないから裁判官の裁量でいい、という判断では差が出るばかりです。

検察が集めた証拠を全て開示しないことに、私は怒りを感じます。

検察は集めた証拠の中から、有罪の証拠になるものだけを恣意的に抽出し、証拠として提出する。全ての証拠を開示する法律がないから、このようなことがいつまでたっても許されているのです。

公益の代表者であるはずの検察として、あるまじき行為です。なぜこんなことが許されているのでしょうか。一般常識では、全く理解できません。

私と弁護側が求めている証拠開示は、警察・検察が「ある」と言っている証拠を開示してくださいと求めているのです。「ないものを出せ」とか、「こういうものがあるはずだ」と言って開示を求めているのではありません。「ある」と言っている証拠について、裁判所は「あるものを全て出せ」と指揮をしてもよいはずです。

仙台高裁・嶋原文雄裁判長には、「証拠開示・証人尋問」を採用し、証拠に基づいて判断してほしいです。

122　第3部　守大助さんの無実の訴えと支援の呼びかけ

裁判官は医師でも科学者でも心理学者でもありません。わからないことは専門家に質問し、納得するまで確認してほしい。仙台地裁の河村裁判長のように、わかったふりをして、実は全く理解せず、裁判官の独自の「推認」で判断するのはやめてほしい。

　裁判所は私を塀の中に閉じ込めて人生をメチャクチャにしているのです。それが15年です。人生の３分の１です。今度こそ公正・公平、一般常識で判断してくれると信じたい。

　先進国と自負する日本で、検察と一体となって裁判所が無実の者を苦しめ続けていいのか。本件のような暗黒裁判がまかり通っていいのか。

　検察が、膨大な証拠を隠し続けておきたいのは、その中に無実を証明する証拠が含まれているからでしょう。そんなことはない、違うというなら、堂々と全ての証拠を開示すればいい。それができないから隠し続けるのでしょう。

　なぜ裁判所は、検察にべったりなのでしょうか。これからも暗黒裁判を推し進めようとするのですか。

どうか、お力を貸してください

　仙台高裁の即時抗告審は、始まってからもう２年以上月日が流れていますが、現時点で、まだ２回目の三者協議期日も決まっていません。協議を引き延ばす検察の対応は、ただの時間稼ぎとしか思えません。

　もし、こんな対応を弁護側がやったら、検察は「反論できないのだから、棄却すべき」と意見を出し、裁判所も「最終意見を提出せよ」と言って、

私は無実です　123

棄却へと進むでしょう。

　本件では検察が弁護側に反論できません。仙台高裁の嶋原裁判長・行方美和裁判官・根崎修一裁判官はどうか「証拠開示・証人尋問」を採用し、刑事裁判の原則に従って、公平・公正な審理をしてください。そして、全国の皆さん、この裁判を監視してください。
　私は絶対に筋弛緩剤を混入していません。医師の指示に基づいて点滴しただけです。患者さんを苦しめたり、殺めたりしていません。
　両親が元気なうちに、帰りたいです。第一次即時抗告審で再審開始・釈放を勝ち取るために、どうか、お力を貸してください。
　私はやってない。無実です。

（もり・だいすけ／2016年7月記）

守さんの手紙から

　守大助さんは二審・仙台高裁が控訴を棄却した後、編者（山口正紀）あてに便箋16枚に及ぶ長文の手紙を書き送ってくれました。
　その手紙には、一・二審の裁判所、裁判の問題点をきちんと伝えないマスメディアに対する批判とともに、「逮捕から3日間、なぜ自白をしたのか」が克明に綴られていました。
　この手紙を書かれたのは9年前の2007年3月です。逮捕から15年たった現在よりも、おそらくより鮮明な記憶に基づいて書かれていると思います。
　その一部を、編者の責任で要約しました。これを読んでいただければ、無実の

守さんが、なぜ自白させられたのか、きっとご理解いただけると信じます（山口正紀）

私はどうしてやってもいないことを自白してしまったのか

　仙台・北陵クリニック事件で、無実の罪に問われている守大助です。

　裁判は、最後の最高裁になってしまいました。正直、こんなに長く不公正が裁判所でなされるとは思いもしませんでした。「裁判官なら絶対に無実であるとわかってくれる」と信じたのに、二度も裏切られました。二度目は審理さえしてもらえなかったのです。

　マスコミは（仙台高裁の判決の際に）、私が退廷させられたことだけを一方的に報道し、その経過については、地元紙も大手各社も触れません。判決の「鑑定」に関する判断については、本来なら「裁判所の判断はおかしい」と社説に載ってもおかしくないほど、ひどい、科学をバカにした判断でした。

　科捜研鑑定は崩壊しています。それでも、裁判所は検察の答弁書通りに「実験装置が異なれば異なる数値になってもいい」などと判断したのです。

　「有罪ありき」の訴訟指揮だとはわかっていましたが、裁判官たちは何を言っているのか、何を考えているのか、と思います。「本件の裁判はしたくない」という心理が、あの３人にはあったのでしょう。それでもマスコミは、こういう訴訟指揮（注：実質審理を一度もしなかった二審の訴訟指揮）があっていいのか、と批判はしないのです。

私は無実です　125

◆ある朝、突然刑事が……

　私がいくら裁判を批判しても、「おまえ、自白しているじゃないか」と思われてしまいます。なので、どうして自白したのか、書きます。

　平成12年（2000年）10月31日、A子ちゃん（11歳。第1部・第2部では「小6女児」と表記）が急変した事実、これは争いがありません。しかし、現在のような状態になったのは、医師による「挿管ミス」があったからだと思います。私と彼女（看護師）が目の前で見ているのです。

　平成13（2001）年1月6日早朝、北陵クリニックのS婦長と刑事2名が、私と彼女が暮らしていたアパートに来ました。私は刑事が来たからといって、動揺することなどありませんでした。かえって、刑事さんたちに親近感を持ったぐらいです。父が警察官だったし、刑事2名のうち一人が以前、父と同じ所で仕事をしていたというので、ますます安心しました。もうここから、私は警察の罠に落ちていたのだと、今こうなってから思います。

　刑事から「A子ちゃんのことで二人から話を聞きたい。きょうは二人の順番なので」と言われました。「クリニックの職員から順番に聞いている」というのだから、私と彼女、二人の順番だと信じてしまいます。それを疑うなんて、まして自分が疑われているなんて、その時は考えもしませんでした。

　その時、私は「A子ちゃんの家族が、医師を訴えたんだ」と思いました。それなら家族のためにも「挿管ミスがあった」と教えてあげた方がいいと、彼女と話しあったのです。

　私は、警察に行って話すことを不審には思いませんでした。他の職員もそうしていると思ったので、断る理由もなかったのです。それが「任意取

126　　第3部　守大助さんの無実の訴えと支援の呼びかけ

調べの出頭」だとは思いもしなかったのです。クリニック職員の一人として警察に協力しようと思っていました。

◆いきなり、「おまえがやった」
それが全く違っていたのです。

取調室に入ると、S、Aの刑事二人は「おまえがやったんだ」とガンガン言ってくる。しかし、私の中ではなにがどうなっているのか、なにもわからない。

刑事は「急変の原因を知っているのはお前だ」と言うのですが、A子ちゃんが転院した後のことは何も知らず、急変した10月31日の状況しか知りません。

私は「A子ちゃんがあんな状態になったのは、医師の挿管ミスが原因でしょう」と説明したのですが、刑事たちは全く聞こうとしませんでした。

さんざん怒鳴られた後、ポリグラフ検査を受けました。その後の取調べは、ほんとうにひどかった。S刑事は部屋に入ってくるなり「おまえがやったんだ」「マスキュラックスだな」「20人、30人はやっている」と大声で言ってきました。

そんなことを言われても、私には何もわからない。現実感がありませんでした。A子ちゃんのことが事件になり、私が疑われているとは全く思わない。A子ちゃんの急変が「事件」なんだとは全く考えられなかったのです。

表現がおかしいかもしれませんが、私が言われているようなことをやっていないのは、当然、私自身が知っている。窃盗とか刃物で刺されたとかの事実があって私が疑われているのと違い、病院での急変は珍しいことで

私は無実です　　127

も何でもない。当たり前にあることです。むしろ、「医師の処置に問題がある」と看護部会でも話が上がっていたのです。

そう何度も説明したのですが、Ｓ刑事はますます大声で怒鳴る。机や壁をバンバン叩く。そして「やってない証拠を出せ」と言うのです。やってない証拠なんて、やってないと言う以外にない。それで答えられないと「お前はやってるから証拠を出せないんだ」と。

もうこの時は、冷静な考えが出来なくなっていたのかもしれません。やってない証拠なんて出せないのだから、そう説明すればいいのに、「やったから出せないんだ」と言われると「そうなのか」とバカなことを考えてしまったりしました。

刑事に「お前じゃなければだれなんだ」と、10月31日にクリニックにいた職員の名を一人ずつ挙げられ、「だれもそんなことはしていないと思う」と言うと、「じゃ、お前しかいないだろう、お前なんだ」とまた繰り返し怒鳴られる。それが5分、10分のことでなく、何時間もやられていると、「もう勘弁してくれ」という思いが強くなる。いくら説明しても全く聞いてくれないし、だんだん頭がおかしくなってくるのです。

◆「おまえじゃなければ、彼女だ」

そして、今度は「お前じゃなければ、彼女を逮捕する」と。

これにはほんとうにまいりました。「どうして彼女を逮捕するんだ、結婚を約束して一緒に生活していて、彼女におかしいことはなかったし、冗談じゃない」と思いました。自分では何もやっていないので、「結婚する相手が逮捕されると困る」と思ったぐらいです。

その後も同じような取調べが続きました。ほんとうに同じ内容なのです。

裁判官たちは「プロの捜査官が、守が証言するような取調べをするはずがない」と言いますが、刑事は一方的に同じことをしゃべる取調べをするのです。

　そんな取調べを受けながら、私は「彼女はどうなっているのだろう」と思いました。刑事に彼女のことを聞くと、「隣で調べを受けている」というのです。

　そう聞いて、私は「彼女も同じようなひどい調べを受けているのでは」と思いました。彼女も「お前じゃなければ、守を逮捕するぞ」と刑事に言われているのではないか、と。

　10月31日の急変の時、彼女も立ち会っていたので、私と同じように怒鳴られ、調べられていると、ほんとうにそう思いました。そうだとしたらかわいそうだ、と思ったんです。

　怒鳴られ続けていると、もしかしたら自分の処置にミスがあったのかもしれない、とも考えてしまいました。しかし、取調室ではそんな確認はできない。彼女に会わせてくれ、と言っても会わせてもらえない。そうして、いつのまにか、絶対に間違うはずのない「筋弛緩剤投与」まで「もしかしたら……」と考えてしまう。

　私の性格が「あきらめやすい」ということもあったのかもしれません。もう、こんなところから楽になりたい、と思ったのです。私がやってないのは、私自身が知っているのだし、きちんと調べれば、私がやってないことはわかるはずだ、と。それを調べるのが警察の仕事だ、と。父が警察の仕事をしているので、警察が事実を調べないところだとは考えもしませんでした。

そうして私は「もう楽になりたい、怒鳴られ続けるのは耐えられない」という気持ちになり、とうとう「ボスミン（注：アドレナリン）とサクシン（注：筋弛緩剤）を間違って注射しました」と言ったのです。

　しかし、S刑事は「違うだろう」と言う。何が違うのかと考えていると、「（注：ポリグラフ検査）で反応しているだろう」と、暗に「マスキュラックスで反応している」ということを言ってくる。「じゃ、マスキュラックスを注射しました」というと、これにも「違うだろう」と怒るのです。

　これはもう私も何が違うのかわからないので「わかりません」と言うと、S刑事は「その時、何かしていただろう」と言って、頭と視線を上から下に動かしました。この動作を見れば、看護師はわかります。「点滴ですか」と聞くと、S刑事は「そうだ」と頷く。こうして最終的に、「点滴溶液にマスキュラックスを混入しました」となったのです。

　それでも私は、調書を作成されても、よく調べればわかるはずだ、と思っていました。

　手錠されて、初めて「逮捕された」と思いました。私の頭の中はパニックでした。どうして私が逮捕されるんだ、と。手錠をはめられたショックで、何も言葉にならなくなりました。「もっと調べてくれ」と言葉に出せない。思考もストップでした。

◆自白は捜査官によって作られる

　私が言わされたこと、作成されたものが「自白調書」になるなんて、思いもしませんでした。やってないことですから。

　今になれば、どんな形であれ、認めてしまうことは恐ろしいことだと判断できますが、当時は怒鳴られ、話を聞いてもらえないことに耐えられな

くなり、「楽になりたい」とばかり考え、そのあとどうなるか、なんて考えられなかった。その場、その時から「楽になりたい」の一心でした。

　刑事が裁判で証言したような「自白強要などのない取調べだ」と言うのなら、取調べを全て録音・録画すべきです。もしかしたら録音はしていても、出せないのかもしれませんが。

　「筋弛緩剤を点滴する」という方法を考えたのはだれか。

　弁護側尋問で、はっきりと答えました。私は、筋弛緩剤を点滴で投与するなんて、聞いたことも見たこともない。筋弛緩剤の投与で準備するのは注射器です。それしか知らない。そもそも筋弛緩剤マスキュラックスは「薄めて使用する」薬品ではありません。

　それは調べればわかる、と思いました。仮に私が犯人だったとしたら、どうして「マスキュラックスを注射した」と言ったのか。そして、S刑事は「注射ではない」として、私が「点滴」と言うよう仕向けました。

　それは、医師から「点滴」と聞いていたからではないでしょうか。百歩譲って、私が「点滴」と認めたとしても、裏付け捜査もされていない。筋弛緩剤が点滴で作用するのか、どのくらいの量なのか、など調べもしないまま逮捕したことになります。

　自白というものが、捜査官によって作られることが、鹿児島の12人無罪（志布志事件）でも明らかになりました。これは鹿児島県だけで起きていることではありません。全国でなされていることです。

　それに、取調べが始まってから自白に至った時間が短いか長いかは、人によります、気の弱い人なら、私よりもっと早く、やっていなくても、取調べのひどさから「やった」と認めてしまうことでしょう。

私は無実です　131

私は、警察というところを、全く間違って考えていました。事件についても、取調べについても、間違えて考えていました。

　私はA子ちゃんの家族が、医師の過誤を警察に訴えたのか、と思っていました。

　やっていないことを言わされたのだから、調べればわかる、と思っていました。

　このように考えて、私は二重、三重の罠に落ちていったのです。

　私が自白に至ったのは、午前9時に取り調べが始まり、約6時間たった午後3時ごろです。6時間ですが、もっともっと長く感じました。

　私の甘さがいけなかったのですが、やはり誰もが同じようなことになると思います。（以下、略）

無実の守大助の母として
多くのえん罪被害者と支援者とともに頑張ります

守　祐子
大助の母

はじめに

　2001年1月6日の最初の逮捕から、すでに15年となりました。

　2008年2月に最高裁で無期懲役刑が確定し、大助はそれまで7年間収監されていた宮城の拘置所から、7月9日に千葉刑務所へ移されました。この日は私の誕生日で、息子から届いた誕生祝のメッセージを読んでいる時の移送でしたから、7月9日は一生忘れられない日となりました。

突然の逮捕……

　逮捕される前から、大助は結婚を約束していた恋人と居をかまえていました。

　1月6日の逮捕発表とともに、大助はすでに自白し、余罪もあるとのマスコミの大報道が始まりました。その取材と報道は、これでもかこれでもかと私たち家族の生活を土足で踏みにじるもので、そのつらさにいたたまれず、一時は家を留守にせざるを得ませんでした。

　逮捕3日目、阿部泰雄弁護士の接見を機会に、大助は否認に転じること

ができました。それで、阿部弁護士に裁判に向けてすべてを託したのでした。

　これだけの大々的な犯人扱いの報道でしたが、近所の方々は、地域に戻った私たちを「待っていたよ」と、変わりなく、温かく迎え入れてくれました。また、大助の同級生や知り合いの方々の「大助がそんなことをするわけない、信じている」の声に、私たち家族は強く励まされてきました。

検察側主張を丸呑みする有罪判決

　仙台地裁で裁判が始まる前から、一部の週刊誌などに、「筋弛緩剤点滴殺人」という報道や警察の捜査を疑問視する記事も、ポツポツ掲載されるようになりました。阿部弁護士の尽力で『僕はやってない』（明石書店）という無実を訴える本を出すこともできました。

　また、翌年には鳥越俊太郎さんの「ザ・スクープ」というテレビ番組で事件への疑問が報道され、当時の北陵クリニックの二階堂院長（故人）の証言や他大学の先生の証言も取りあげられたのでした。

　公判には、同級生や近所の方々も裁判を傍聴に駆けつけてくれました。

　私は、2年8ヶ月に156回開かれた審理全てを傍聴しました。

　しかし、判決は、無期懲役の有罪。

　はっきりした証拠は何もなかったのに、判決は、弁護側の主張や証言を明確な理由もなく否定し、検察側の主張を丸呑みするものでした。

大助の無実を確信して、訴える日々

　判決確定後、それまでも支援して頂いていた国民救援会宮城県本部と「守る会」に続いて、全国各地に「守る会」が作られ、私は全国から呼ばれて、息子の無実を訴える機会をいただきました。

　夫は宮城県警の現職の警察官でしたので、初めのうちは私一人でしたが、夫の定年退職後は、二人で各地に訴えに歩いてきました。

　また、北陵クリニックはその後廃院となりましたが、各地の集まりには当時の同僚職員の方々も参加し、声を出してくれるようになって、私たちもほんとうに勇気付けられています。

　2010年には再審請求の準備が始まり、「守る会」の活動も一気に広がりました。現在、地元・大崎市を始め40近くも「守る会」ができています。この活動の過程で、私たちは、息子の事件の他にもたくさんのえん罪事件があることを知ったのでした。

　2011年3月には東日本大震災があり、自宅（宮城県大崎市）は直接の被災を免れたものの、しばらく混乱が続きました。ビルの一室にある阿部弁護士の事務所（仙台市）は、書棚などが全て倒れたと聞きました。

　2014年7月には、国民救援会・守る会・全国の支援者の援助で、スイス・ジュネーブでの国連人権委員会にも参加し、日本の司法の抱える問題について、改めて実感しました。人権委員会は自白偏重の実態など日本の司法の在り方を改めるよう勧告していますが、この「事件」もまさにそうなのです。

無実の守大助の母として　135

再審請求は……

　この間、布川事件、足利事件と再審無罪が続き、「次は、大助の番」と大いに期待したのでした。

　2012年2月の再審請求には、三人の専門家の方から、それぞれ新証拠（意見書）が出されました。

　ところが、2年後の2014年3月、期待と真逆の棄却決定。

　何を言っているのかわからない、最初の判決以上におかしな決定でした。

　検察・裁判所は、私たちに諦めろと言っているかのようです。

　世間では、マスコミの大報道によって「前代未聞の大量殺人」と受けとめられながら、裁判が始まってからは「もう終わった事件」として扱われているように思えます。

　この裁判での証拠は、一般の方々には理解しにくい医学・科学の問題であることから、えん罪の中身をすぐには理解してはもらえないのが、何とももどかしいです。

　阿部弁護士や山口正紀さんが中心となって本書が刊行されますことに大いに期待し、一文を投稿させて頂いたことに感謝しています。

大助は、すでに45歳

　大助は学生の時に怪我をして入院、そこでの看護師の方々の親身な看護に感動し、自ら看護師を志したのでした。

　しかも、北陵クリニックには、経営者のH東北大学教授に「是非に」と誘われて、そのもとで働けることに大きな希望を抱き、クリニックに骨を

136　第3部　守大助さんの無実の訴えと支援の呼びかけ

埋める覚悟で入ったのです。

　それが何故、こんなことに？　大助の同級生達の子どもの成長を見るにつけ、H教授を信じなければこんな事件に巻き込まれることもなかったろうに、と悪夢を見続けている気持です。

　すでに、夫婦そろって古稀です。同じ思いを強いられている、多くのえん罪被害者とともに、大助を私たちのもとに取り返すまで、頑張る覚悟です。

(もり・ゆうこ)

守大助さんは、明るくて責任感の強い人です

篠原　幸子
元同僚

犯人と決めつけて報道

　2001年1月6日夜の各テレビ局のニュースでは、私の同僚であった守大助さんを殺人事件の犯人と決めつけて報道していました。翌日の朝刊では大きく紙面で逮捕の字が……。

　いったい何が起きているのかと呆然としました。

　それから約1週間後、私も警察の事情聴取を受けることになりました。

　刑事が最初に言った言葉は、私にメモ帳を差し出して「篠原さん、守は女性関係が悪くて、とても悪い奴です。守のいいことは何も思い出さなくていいから、守の悪いことだけ思い出して話してください」というものでした。この瞬間に私は、「これは変だ、守さんは絶対犯人ではない」と確信したのでした。

　看護師は女性が多かったこともあり、唯一の男性だった守さんの明るく責任感の強い仕事ぶりをみんなが頼りにしていました。守さんは、子どもや高齢の患者さんたちにも、人気がありました。

　ところが、逮捕後多くの人たちが、「守さんは自白したのでしょう？

だったら……」と言いました。新聞テレビの報道を信じ、「自白したのだから犯人に間違いない」と思い込んでしまったのだと思います。

また、調書は警察が書きあげるもので、私の言葉を全く違う内容に書かれてしまっていました。いくら依頼しても訂正してもらえない状況でした。

震えながらの証言

2001年の7月、仙台地方裁判所で裁判が始まり、2003年1月に、私は証人として初めて法廷に立ちました。証言は、弁護士の質問に答える形で進められたのですが、質問の途中で検察官が何度も「異義あり！」と大声で妨害してきました。そのために私は怖くなり、震えながらの証言で、言いたいことが十分に証言できないまま終わってしまいました。証言を妨害した検察官に、今も憤りを感じています。

裁判では、患者さんの急変や転院の背景にあった北陵クリニックの経営実態、筋弛緩剤のずさんな管理体制、医師不足による医療過誤など、証言したいことがいくつもありました。

事情聴取の際に何度も話しましたが、書いてさえありませんでした。

それにもかかわらず、病院側に不利になることをきちんと取り上げないまま、裁判所は守さんに有罪の判決を下しました。裁判はとても開かれたものとは思えません。

私は、自身が警察の事情聴取を受けた時の警察に対する不信感、北陵クリニックで経験したこと、守さんの人柄などを、少しでも多くの人に伝えていきたいと思いました。それが、私のできること、しなければならないことだと思いつつも、なかなかその機会がないまま、2008年に最高裁で

有罪判決が確定されてしまいました。

少しでも多くの人に伝えたい

　上告棄却の決定前後から、守さんのご両親が大助さんの無実を訴え続けてこられたこともあって、各地に「守る会」ができました。再審請求の後は、さらに全国で増えていると聞いています。

　私は、「守る会」の総会などで守さんの元同僚としてご紹介いただき、ごあいさつすることはありました。しかし、北陵クリニックの実情と自分が警察や法廷で体験したことを話す機会はありませんでした。

　そんな中で、徳島県の方から声を掛けられ、事件について話をさせていただきました。この時、参加していた方々から「この話はもっとたくさんの人に知ってもらうべきだ」とアドバイスを受け、私自身もそう感じていたことから、詳しい実情についてお話しできる機会があれば……と願っていました。

　2013年春、ジャーナリストの山口正紀さんが「守る会」の集会で仙台に来られました。その懇親会の席で、山口さんに「理不尽な裁判のあり方や、病院の管理体制、事情聴取の調書の嘘など、明らかにされていないことを記事に取りあげて下さい」とメモをお渡ししました。

　すると、山口さんは「今のメモの内容を、ぜひ皆さんにお話ししてください」と言われ、さっそくその場でお話させていただきました。

　それがきっかけになり、その年の7月、茨城県と神奈川県の学習会で、お話させていただくことになり、それは山口さんが私に守さんの逮捕当時のことをインタビューする形の講演でした。両県ともに、初めて参加され

る方も含めて、多くの方々が熱心に耳を傾けて下さいました。

　山口さんは、「北陵クリニック事件」のことをよく知らない参加者にも理解できるよう、問題をわかりやすく解説しながら、質問されました。

　主な質問は、「事件」が起こる前の北陵クリニック、私から見た守さんの印象、逮捕を知った時のこと、連日の報道はどうであったか、私に対する警察の事情聴取の様子、北陵クリニックの経営状態、証人尋問として法廷で証言した時のことなど多岐にわたりました。

　項目ごとに、細部にわたって質疑応答する形だったので、とても話しやすく、参加者からも聞きやすかったという意見が多く聞かれました。

　講演の後、「今までは半信半疑だったけれど、なぜあなたが守さんの無実を信じ、えん罪だと訴えているのか、よくわかりました」とか、「あなたの証言で、ああそういうことだったのか、やはりこれはえん罪なのだと確信しました」というお言葉を多くの方からいただき、「こういう証言を全国で広めていってほしい」とも言っていただきました。

　その後、山形、東京、岡山、広島などにも呼んでいただいています。

　少しでも多くの人に伝えることが、守さんの無罪を信じ応援して下さる方々のお役に立つのであれば、お声掛けいただいた際には出来る限り、守さんのご両親とともに今後も全国各地での勉強会へお伺いしたいと思っております。

　この度、阿部弁護士、山口さんから、守さんの無実を訴える本を出版されるということで、私にも一文を寄せる機会を与えてくださいました。

　皆さんのお力添えがあるからこそ、獄中の守さんも、ご両親も、そして私の友人も頑張っていけるものと思っています。今後とも、ご支援よろし

くお願いします。

　なお、私は現在は、介護福祉士としてディサービスに勤めています。

（しのはら・さちこ）

白衣の看護師・守大助さんを
塀の外へ取り戻そう

草野　照子
支援団体代表・看護師

「何かおかしい」と感じていた

　北陵クリニック事件は、2001年1月6日の逮捕を伝える報道で知りました。年末年始休暇が終わった職場で「まさか……信じられない、でも本人が自白したんだって、医師に対するイライラからやったって！」とざわめきました。

　連日のマスコミ報道は、守大助さんを極悪犯人、筋弛緩剤による連続殺人に仕立てていました。

　しかし、その事件に至る動機には私の周りの看護師仲間は、「何かおかしい」と感じていたのです。まず、守さんの夜勤の時に患者急変が多いこと、これは独身の彼が「お母さん看護師」らから夜勤交代を頼まれることが多かったとのことで、彼の優しさすら感じたのです。

　また、同じ医師・看護師に急変が続くと「お祓いした方が良いわ」等と非科学的なことを囁くなど、医療の現場では容態急変や死亡は珍しいことではなかったのです。

　北陵クリニックは高齢重篤な患者さんを積極的に引き受けていたそうですから、当然の結果といわざるを得ません。

杜撰な筋弛緩剤管理

　この時、私の問題意識にあったのは北陵クリニックの杜撰な筋弛緩剤管理でした。そして主治医が記録した診断書が無視され、東北大学麻酔科教授の意見が尊重されていることでした。

　看護の仕事は、医師の指示のもと様々な処置をしています。医療事故や医療ミスも起こることもあります。うっかりミスもその度に第三者機関の調査もなく警察が入るとしたら、大変なことになると思っていました。

　2007年には看護師が、爪ケアーをした行為を「爪はがし虐待事件」として逮捕されることがありました。専門医や医労連・看護協会等の幅広い支援があり３年で無罪となりましたが、これに類する事例が広がっているように感じます。

　一般には、この頃から医療安全委員会の動きも活発になっていったのですが、北陵クリニックは経営破綻問題をこの事件の責任にして閉鎖していました。

『服役中』を知ったのは事件から７年後

　看護師として働いていた私は、不可思議な事件として強く印象に残ったまま時は過ぎました。

　友人に誘われ守さんのご両親の「息子を助けて下さい」の学習会に参加して「無期懲役、千葉刑務所に服役中」を知ったのは事件から７年も過ぎていました。

144　　第３部　守大助さんの無実の訴えと支援の呼びかけ

大助さんが「僕はやっていない、無実です」と叫び続けていたことを知った以上、同じ医療・看護・介護の職場で働く人々に知らせる役割を果たそうと思いました。

　15年前の事件当時、看護師として働いていた人は、ほぼ全員が記憶に残っていながらも彼が冤罪として再審請求をして闘っていることを知らないのは私と同じです。ましてや若い看護師さんたちは事件すら知りません。

　①支援する会を数多く作り、②会員を増やし、③学習集会を開き、④署名を集めることを地道に続けていきたいと思います。

拘束をつづけるのは正義に反します

　守さんは千葉刑務所で面会した時に「靴職人としては一人前になりましたが、看護者としては心配です。ますます看護職は不足すると言われていますから、1日も早く戻りたい！」と話されました。

　「呼びたくても　叫びたくてもならず　獄舎でノートに　母と書きたり」（無実の大助）とお母様宛てに寄せた言葉は胸に沁みます。

　「再審開始」となった袴田巌さんは「これ以上、拘束をつづけるのは耐え難いほど正義に反する」として即釈放になりました。しかし、裁判は時間ばかりが流れて未だに無罪確定はしていません。

　看護師として、「震災復興に役立ちたい」と願う大助さんも、これ以上拘束をつづけるのは正義に反します。拘束されて15年、29歳だった彼も45歳です。ご両親が元気なうちに1日も早く白衣姿の大助さんを取り返したいと思います。

白衣の看護師・守大助さんを塀の外へ取り戻そう　145

検挙・起訴されたら99.9％が有罪の陰で、どれだけの人が冤罪に苦し
められているでしょうか。

　「それでも僕はやっていない」と叫び続ける守大助さんに、皆さんどう
ぞお力を貸してください。

（くさの・てるこ）

あとがき

執筆された方々に感謝しつつ
守さんに贈ります

　2016年の8月末に、本書の出版の進行状況の報告で守さんに面会しました。話題は、刑訴法の改悪に及び、「とんでもない改悪で、これではますますえん罪が増えますよね……」と、こんな状況に置かれた守さんが力強く語る姿に、感服させられたのでした。

　守さんに初めて仙台の拘置所で面会したのは、2007年の5月でした。すでに支援を始めていた同郷（仙台）の出身で、しかも高校の後輩のFさんの勧めでした（彼は急用で来られなくなり、一人で面会）。
　守さんの最初の言葉は、面会に来られる方が、「どうして自白したのか、と必ず聞かれるけど説明しにくく困ってる……」と。
　そこで、私にはそんな説明は必要ないですからと、次のような「事件」について話したのを覚えています。
　《東京の某銀行支店長が2歳の実子を餓死させたとして殺人罪で起訴され、有罪判決の帰りに飛び込み自殺した事件（その数年後に、ある作家〔上前淳一郎〕が、朝日新聞社の「社内報」の記事をもとに、「支店長はなぜ死んだか」として月刊雑誌に発表。「事件当時の朝日の記者が、警察発表をそのまま報道したことが、結局支店長を死に追いやったのでは……」と、後輩記者に反省を求めたものでした）。

あとがき　147

新聞記事は、「通報を受けて室内に一歩入った警察官は、そのあまりの
むごさに絶句……」「1メートル四方の柵の中に閉じ込められ……」「食べ
物ほしさにしゃぶった指はふやけ……」と、掛かり付けの医師に取材もせ
ずに、知恵遅れで、拒食症の2歳の子どもであることを伏せての扇情的描
写だったと。

　雑誌文によれば、支店長が起訴前に知人に語っていたのは、警察署での
事情聴取で取調官は、「我々の仲間の中にも障害を持つ家族を抱えて苦労
している者がいるからよく判ります」と、涙ながらに調書を書いてくれ、
良い警察官で良かった……と。支店長は、その際「人事異動で多忙だった
とはいえ、ずっと娘に付き添っていられなかった自分を責め、娘の死は自
分のせいと。あるいは、回復の望めない病の娘にはこれで良かったのかも
……」と心情を語ったという。

　この支店長の思いは、取調官には、「死の容認＝殺意の自白」となって、
真逆の「殺人」で起訴され有罪となったという酷い話です》

　他人を思いやる人、自己反省をする人こそが、この自白・自認の誘導の
「罠」にはまる例で、守さんにも当てはまると思っていたのです。

　これは、1976年の事件ですが、今なお、自白中心・偏重の捜査が当た
り前のように行われ、警察発表そのままの報道が続き、裁判もそれを追認
しているのです。

　起訴されれば99.9％有罪が、その証明ではないでしょうか。

*

　私が、北陵クリニック「事件」についての出版を、阿部弁護士に相談し
ましたのは、2016年の3月末です。

　再審請求が高裁に移って2年経過しました。それでも、ほとんど動きを
見せないのは、棄却の理由探しに苦慮しているからとしか思えません。

裁判官は、「事件」の争点が理解できないのであれば、意見書提出の専門家に聞くとか、再鑑定（標品について可能）をすれば良いだけのことです。

　こうした状況のもとで、少なくとも、守さんの名誉を守るためには、本件の捜査の最初から、報道は警察情報を自らは全く検証することもせず、「推定無罪」も気にとめず、ひたすら大事件と社会を洗脳してきた「証拠」を残しておくことが必要だと考えたからです。

　幸い、阿部弁護士はじめ、再審で意見書を出された3人の専門家の方に、賛同を頂きました。その上で、この出版の柱となる「報道」問題について、ずっとこの「事件」を取材し報道し続けてこられているジャーナリストの山口さんに協力をお願いしましたところ、快諾を頂き出版社の紹介もして頂いたのでした。

＊

　本書のもう一つの柱は、再審請求の「意見書」について、一般の読者の方々に判るように解説していただくことです。この中で、「鑑定」については、それがとても難しいことを改めて実感することになりました。

　本件は、患者に不正に筋弛緩剤を投与した事件で、その決定的証拠は、患者の血液などから、筋弛緩剤が検出されたとされたことです。

　この鑑定は、大阪の科学捜査研究所で行われているのですが、分析の過程で、血液などの資料は全量消費しており、再鑑定はできなくなっています。この問題は、本書の第1部第1章で、阿部弁護士が記述されていますが、一般の読者に「意見書」の内容をどうわかりやすく解説していただくのかが課題でした。

　警察鑑定は、「質量分析」という方法でおこなわれ、鑑定の大前提として、筋弛緩剤の標品（見本）からは、「m/z258が出る」としていますが、弁護側は、それは間違いで、筋弛緩剤の標品（見本）からは「m/z279が出るのが正しい」としています。

あとがき　149

この科学論争は、私を含めて多くの人にはチンプンカンプンです。

　これにつけ込んで、警察鑑定は正しいとされ、報道もこの論争を回避してきたし、これからもスルーするのでしょう。

*

　私自身、「質量」の意味を全く知らないですましてきましたし、「分析装置」など見たこともありません。

　この鑑定意見書を出された志田先生には、一般の人に説明しようとすれば、一冊の本でも難しいことと言われながら、何度も質問を送って文書で回答していただきました。

　質問する者が、全く基礎知識がないのですから、回答もどんどん基礎に遡ることになります。どうにかおぼろげながら判ったような気がするまでには、回答も相当の分量になりました。紙幅の関係もあって、私の判断で約半分にまとめました。

　ですから、「質量分析」の解説部分には、余計な記述、わかりにくいとのご意見が出るかと思いますが、それは、渡会の能力の問題とご理解いただききたいと思います。

　このように、原稿をお書き頂いた方々には多大のご苦労をお掛けしまして、出版にこぎ着けることができました。10月中に発刊の予定は少し遅れましたが、守さんとの約束も果たすことができました。

　是非多くの方が本書を手にしていただくこと、そして、このえん罪についてご理解をしていただけることを祈念する次第です。

　2016年11月

わたらいおきお
渡会興雄
守さんを支援する会会員

執筆者プロフィール(第1部・第2部)

（執筆順）

阿部泰雄 （あべ・やすお）

1947年生まれ。弁護士、仙台弁護士会所属。ひき逃げ冤罪事件である「遠藤事件」で、1989年に最高裁にて画期的な逆転無罪判決をえる。

著作：『僕はやってない！──仙台筋弛緩剤点滴混入事件 守大助勾留日記』（明石書店、2001年）、「北陵クリニック事件（仙台地決平26・3・25）事前通知のない抜き打ち棄却」（季刊刑事弁護79号）ほか。

山口正紀 （やまぐち・まさのり）

1949年生まれ。ジャーナリスト、人権と報道・連絡会世話人。

1973年〜2003年、読売新聞記者。1985年から報道による人権侵害をなくすための市民運動、冤罪・報道被害者の支援活動に参加。

著作：『ニュースの虚構　メディアの真実』（現代人文社、1999年）、『メディアが市民の敵になる』（同、2004年）、『壊憲翼賛報道』（同、2008年）ほか。

1997年から『週刊金曜日』人権とメディア欄に隔週連載中。

志田保夫 （しだ・やすお）

1945年生まれ。1970年、東京理科大学理学部卒業。（元）東京薬科大学中央分析センター教授。農学博士。

著作：『これならわかるマススペクトロメトリー（共著）』（化学同人社、2001年）ほか。

池田正行 （いけだ・まさゆき）

1956年生まれ。1982年、東京医科歯科大学医学部卒。1990年、英国グラスゴー大学ウェルカム研究所。2008年、長崎大学大学院医歯薬学総合研究科教授。2013年、法務省法務技官・矯正医官。米国内科学会 (ACP) 会員、総合内科専門医、神経内科専門医、医学博士。

著作：『食のリスクを問いなおす──BSEパニックの真実』（筑摩書房、2002年）ほか。ＮＨＫ総合「総合診療医ドクターG」出演並びに企画・編集・監修担当。

浜田寿美男 （はまだ・すみお）

1947年生まれ。1976年、京都大学大学院文学研究科博士課程修了。奈良女子大学文学部教授。現在、奈良女子大学名誉教授、立命館大学特別招聘教授。

著作：『自白の心理学』（岩波書店、2001年）、『「私」とは何か』（講談社、1999年）、『虚偽自白はこうしてつくられる──狭山事件・取調べ録音テープの心理学的分析』（現代人文社、2014年）、『もう一つの帝銀事件』（講談社、2016年）、『名張毒ぶどう酒事件──自白の謎を解く』（岩波書店、2016年）ほか。

つくられた恐怖の点滴殺人事件

守大助さんは無実だ

2016 年 12 月 27 日　第 1 版第 1 刷発行

編　著　者	阿部泰雄・山口正紀
発　行　人	成澤壽信
発　行　所	株式会社 現代人文社
	〒 160-0004　東京都新宿区四谷 2-10 八ッ橋ビル 7 階
	振替　00130-3-52366
	電話　03-5379-0307（代表）
	FAX　03-5379-5388
	E-Mail　henshu@genjin.jp（代表）／ hanbai@genjin.jp（販売）
	Web　http://www.genjin.jp
発　売　所	株式会社 大学図書
印　刷　所	株式会社 ミツワ
装　　　幀	Malpu Dsign（柴﨑精治＋宮崎萌美）
目次・扉デザイン	Malpu Dsign（陳湘婷）

検印省略　PRINTED IN JAPAN　ISBN978-4-87798 656 8　C3032
© 2016 Abe Yasuo Yamaguchi Masanori

本書の一部あるいは全部を無断で複写・転載・転訳載などをすること、または磁気媒体等に入力すること
は、法律で認められた場合を除き、著作者および出版者の権利の侵害となりますので、これらの行為をす
る場合には、あらかじめ小社また編集者宛に承諾を求めてください。